ブルーガイド
山旅
ブックス

神奈川県の山
日帰り
山あるき

アルプから見た富士山

JN011583

中田真二

ブルーガイド　山旅ブックス

神奈川県の山
日帰り山あるき
もくじ

本書をご覧になる方へ

●コースの難易について

〈レベル〉

初級…初心者が安心して歩けるコース

中級…ある程度の経験が必要だが、とくに危険の要素のないコース

上級…1日の歩程が長く、急な登降などで体力を必要とするコース

〈体力度〉

★☆☆…歩行時間が3時間以内

★★☆…歩行時間が3時間〜6時間程度

★★★…歩行時間が6時間以上

〈技術度〉

★☆☆…道標が完備し、登山道が明瞭なコース

★★☆…登山道は明瞭だが、一部に鎖やハシゴなどがあるコース

★★★…天候の激しい変化や岩場などの難所があり登山経験が必要なコース

●標高

コース名の山頂標高、またはコース上の最高点を示しています。

●歩行時間

全行程のコースポイント間参考タイムの合計です(休憩時間は含まず)。

●最大標高差

コースの起点(または最低地点)と最高地点との標高差です。

●1/2.5万地形図

紹介コースに関連した国土地理院発行の25,000分の1地形図の図幅名。

●登山適期の12ヶ月カレンダー

■…ベストシーズン

■…十分楽しめるシーズン

■…避けたいシーズン

■…花の見ごろ

■…紅葉の見ごろ

■…積雪のある時期

●アクセスについて

アクセス図に記した交通機関の所要時間(概数)を示してあります。 マイカー には、クルマで出かける場合の、現地の駐車場情報などを記載しました。

●地図と高低図のコースタイム

コースポイント間の歩行参考タイムです。経験・体力・体調・天候・同行人数により変わりますので、余裕をもった計画を立ててお出かけください。

●高低図と「高さ強調」

高低図はコースの起伏をグラフにしたもので、高さを強調してあります。「高さ強調2.5倍」とは、水平距離(横軸)に対し高さ(縦軸)を2.5倍にして、勾配を強調したことを意味します。

◎地図で使用した主なマーク

♀	……	バス停
—		紹介した山歩きコース
- - -		エスケープルートあるいはバリエーションルート
40→		(本文でガイドしたコースの)コースポイント間の歩行タイム
15→		(本文でガイドしたものとは逆コースの)コースポイント間の歩行タイム
宁	……	コース標識
⊛	……	水場
WC	……	トイレ
休	……	休憩ポイント
花	…	花のみどころ
紅	……	紅葉のみどころ
木	……	名木、巨木
滝	……	滝(名瀑)
寺	……	古寺
社	……	古社
湯	……	立ち寄り湯
※	……	展望のよい場所

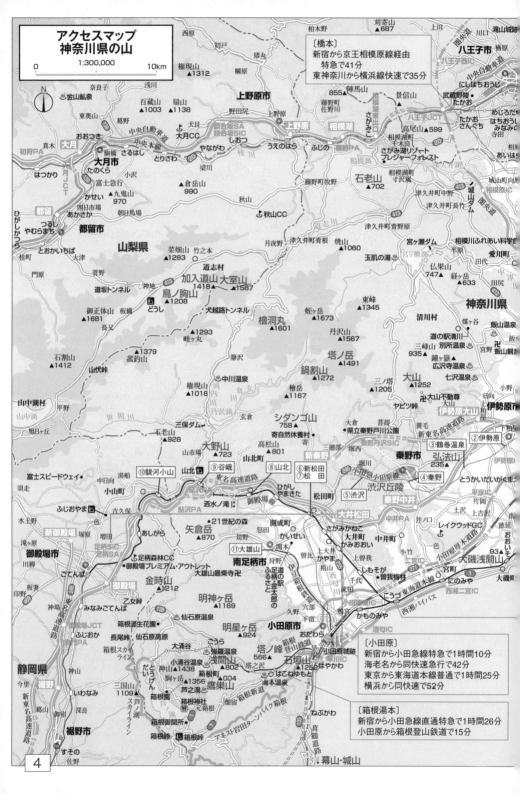

アクセスマップ
神奈川県の山

1:300,000

〔橋本〕
新宿から京王相模原線経由
特急で41分
東神奈川から横浜線快速で35分

〔小田原〕
新宿から小田急線特急で1時間10分
海老名から同快速急行で42分
東京から東海道本線普通で1時間25分
横浜から同快速で52分

〔箱根湯本〕
新宿から小田急線直通特急で1時間26分
小田原から箱根登山鉄道で15分

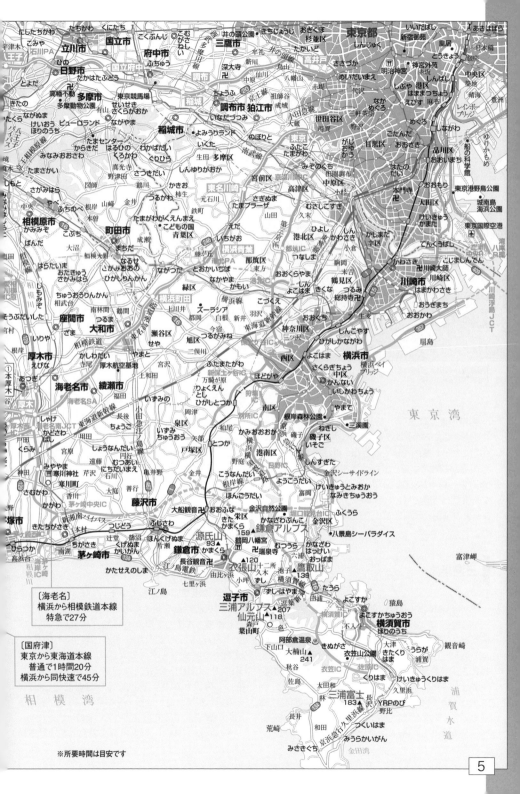

〔海老名〕
横浜から相模鉄道本線
特急で27分

〔国府津〕
東京から東海道本線
普通で1時間20分
横浜から同快速で45分

※所要時間は目安です

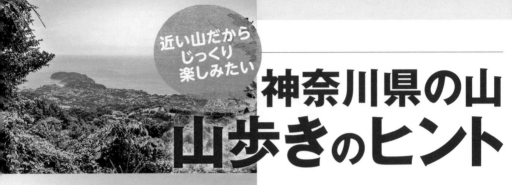

神奈川県の山
山歩きのヒント

【写真上】幕山近くの南郷山
【写真下】城山山頂

神奈川県には三浦半島、丹沢、箱根の各エリアに山がある。それぞれが個性的で飽きることがなく、休日になると県内だけではなく、首都圏から多くの登山者が訪れている。また、箱根エリアに含まれる幕山や三浦半島の鷹取山には本格的なロープワークを駆使して登らなければならない岩山もある。各エリアの説明と代表的な山を紹介しておこう。

三浦半島

三浦半島は2000万年前、深海底の太平洋プレートに積もった堆積物が大陸プレートに沈み込む際に剥離して積み重なり、それが50万年前に海面上まで隆起して三浦半島と房総半島を形成したといわれる。半島北部は地質的には多摩丘陵南部の延長線上にある。

登山者が最も多いのは鎌倉アルプス。ほぼ1本道なので、四季を問わず安心して歩くことができる。

三浦半島の山で最も注意したいのが、阿部倉山、

二子山方面の登山道。道標が頼りないことと、分岐が多いからだ。このエリアは地権者が多く、管轄する行政機関も複数あり、意見の統一がなかなかとれないようだ。現在、地元の有志が登山道や道標の整備を行っている。万一、迷ってしまったら来た道を戻ることをおすすめする。

丹沢

奥多摩、秩父へと続く丹沢エリアだが、その成り立ちは異なる。奥多摩、秩父エリアの山々は日本列島が形成された頃の砂や土を含む岩石でできているのに対して、丹沢エリアの山々はマグマが冷えて固まった岩が変成作用を受けた変成岩で構成されている。これは、かつて火山だった証しになる。また、この火山活動は、日本から遠く離れた温かい海で始まった痕跡がある。つまり、遠く離れた南の島が衝突して、今の丹沢エリアが造られたということだ。

丹沢の誕生は今からおよそ1700万年前。南の海底で火山活動を始めた丹沢は、フィリピン海プレートに乗って少しずつ北へ移動。本来は、ユーラシアプレートと北米プレートの下に潜り込むのだが、移動中の度重なる噴火で大きな山に成長し、このプレートに潜り込むことができず、日本列島に衝突。そして丹沢が誕生。約600万年ほど前のことだ。その証しが塔ノ岳から蛭ヶ岳に向かう稜線が噴出した火山礫や火山灰で形成されていることだ。

そんな丹沢には、新大日や行者岳と名づけられ

た山がある。これは山伏や修験者たちの修験場だった証でもある。

　昭和の時代になると、小田急線が開通し沿線の山々が庶民の登山対象としての地位を確立した。さらに昭和30年（1955）には丹沢山塊が神奈川国体の登山会場に指定された結果、登山道が整備され、山小屋が稜線上に建つようになった。さらに昭和40年（1965）には国定公園に指定され、都心からのアクセスの良さと日帰り登山が可能な山が多いことから、現在に至るまで多くの登山者に支持されている。

　丹沢は東西約40km、南北約20kmに広がり、その中心に君臨する蛭ヶ岳（1673m）が最高峰。また、檜洞丸から臼ヶ岳に向かう途中の金山谷乗越を境にして臼ヶ岳方面を東丹沢、檜洞丸方面を西丹沢と分けている。それぞれのエリアを担当するかのように大倉に秦野ビジターセンター（☎0463-87-9300）があり、新松田駅から中川温泉方面へ向かうバスの終点に西丹沢ビジターセンター（☎0465-78-3940）がある。電話でも現在の登山道の状況などを問い合わせることができる。丹沢東部、北部の登山道などの状況は宮ヶ瀬ミーヤ館（☎046-288-3600）に問い合わせるといい。

　東丹沢では大山、鍋割山、塔ノ岳、丹沢山、蛭ヶ岳などが人気。とくにヤビツ峠から塔ノ岳に向かう表尾根や大倉から塔ノ岳に向かう大倉尾根に登山者が集中する。塔ノ岳〜丹沢山〜蛭ヶ岳〜檜洞丸を結ぶ縦走路（東丹沢〜西丹沢）は通常1泊で歩くのが基本。丹沢最高峰に建つ蛭ヶ岳山荘で静かな夜を体験してみたい。

■ 箱根

　箱根火山はおよそ40万年ほど前から活動を始め、大爆発を起こして中央部が陥没して周囲に古期外輪山が出来上がった。それが明星ヶ岳、明神ヶ岳、金時山、三国山だ。

　登山者が最も多いのが金太郎伝説が色濃く残る金時山。そうしたこともあり、とくに5月5日のこどもの日前後には多くの子連れ登山者の姿を見かける。金時山の標高1212mにちなみ、12月12日を金時山の日としている。この日も多くの登山客で山頂に建つ2軒の茶店は混雑する。

　箱根の最高峰は標高1438mの神山だが2023年3月現在、登山道は閉鎖されているので要注意。

大倉尾根。塔ノ岳山頂手前は展望のいい木道になる

ファミリーの姿が目立つ金時山山頂

気軽な格好の人も多い鎌倉アルプス

1 | 古都鎌倉を囲むように縦走路が延びている

初級

標高	159m(大平山)
歩行時間	2時間50分
最大標高差	150m
体力度	★☆☆
技術度	★☆☆

かまくらあるぷす

鎌倉アルプス

1/2.5万地形図　**戸塚、鎌倉**

登山適期とコースの魅力

1月	2月	3月	4月	5月	6月	7月	8月	9月	10月	11月	12月
			サクラ				ハス			紅葉	
	スイセン				ハナショウブ					コスモス	
				シャクナゲ							

展望 大平山山頂からはわずかに横浜と逗子方面が見える程度でとくに展望に優れたコースではない。

花 鎌倉といえばアジサイ。6月に訪れれば観ることができる。春には福寿草や水仙、サクラソウ、ミツマタ、桜、梅なども咲く。

春 鎌倉一帯が華やぐ季節。観光客を含めて多くの人でにぎやかになる。

夏 夏の低山歩きと古都鎌倉を歩く人で週末の小町通りは混雑する。

秋 カエデやイチョウの紅葉は美しい。

冬 夏ほどではないが、週末は登山者が多い。

スタート地点となる北鎌倉駅

アクセス

| 東京駅 | → JR横須賀線 52分 830円 → | 北鎌倉駅 | ---- 2時間50分 ---- | 鎌倉駅 | → JR横須賀線 55分 950円 → | 東京駅 |

北鎌倉駅はJR横須賀線の駅。ここからスタートするか、JR、江ノ島電鉄が乗り入れる鎌倉駅からスタートするしか

ない。そのため自宅近くの駅から北鎌倉駅、鎌倉駅に到達できる最短ルートを確認しておくこと。鎌倉アルプスの縦

走路は住宅街の一段上に延びている。その住宅街に下る道がいくつもあるので、脇目を振らず本書のコースを歩く。

コースガイド 午前中は鎌倉アルプに登り、午後には鶴岡八幡宮を詣でる

スタート地点は**北鎌倉駅❶**。ここから建長寺に向けて横須賀線の線路沿いを進む。北鎌倉駅からは駅舎の北側、南側どちらの道を歩いてもいい。南側の道だとコンビニが利用できる。踏切を渡って鎌倉駅に向かう車道を10分ほど歩くと**建長寺入口❷**に到着する。ここが鎌倉アルプスの始点になる。

拝観料を納めて歴史と伝統、気品のある建長寺境内に入る。広い境内を進むと仏殿、法堂の脇を抜ける。荘厳な造りに圧倒され、歩が進まない。天園ハイキングコースの看板は唐門と本院の前辺りにある。東屋の前を通過し、小さな流れ沿いに歩く。曲がり角には天

①富士見台から眺める積雪期の富士山。2月の晴天日の撮影だが、この頃が最も鮮明に見ることができる。②建長寺入口。③半僧坊。迫力のある烏天狗の像が何体も置かれている

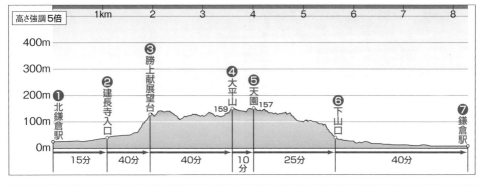

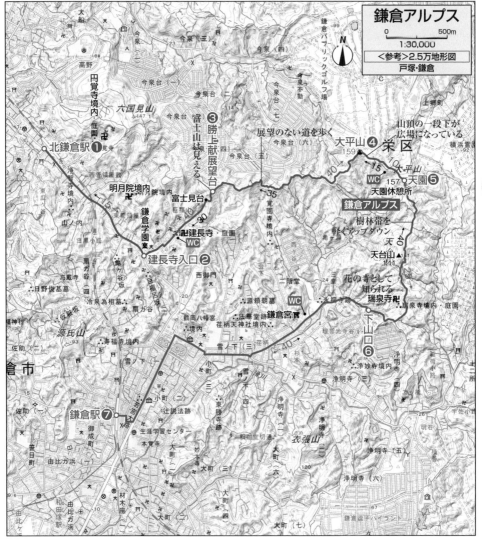

④勝上献展望台。小広い場所でここから縦走路が延びている。少し休憩したらスタートしよう。⑤大平山山頂。この一段下が広場になっている。⑥登山道は住宅街に下りる分岐がいくつかあるが、本道は直進。⑦大平山から下った地点にある広場。休憩ポイントのひとつ。⑧瑞泉寺への分岐。ここは右へ下る。300mほどで瑞泉寺だ。⑨下山口。ここから鎌倉宮へ向かう。⑩瑞泉寺から鎌倉宮へは閑静な住宅街を歩く

園ハイキングコースの看板が設置されている。民家が並ぶ通りを進み参道のような場所に入ると鳥居がある。そこをくぐって行くと階段登りが始まる。クリアした所が半僧坊大権現。いくつもの天狗僧が祀られた場所だ。ここに富士見台という展望台がある。名称通どおり富士山が展望できる場所だ。祈祷受付所の横から階段を登り詰めた所が**勝上献展望台❸**。ここから鎌倉アルプスの縦走路に入る。

樹木の濃い登山道を進んで
大平山を目指す

　勝上献展望台は小広い所なので少し休憩していこう。ひと休みしたら山道に入る。大きくカーブを描くようにして進む。苔むした岩があるので滑らないように注意が必要だが、概ね道は踏まれていて安心して歩くことができる。

　うっそうとした樹林帯に入る。昼でも少し暗さを感じるエリアだが、好天だと明暗のコントラストがきれいな場所だ。ステップが刻まれた岩を越えると右に下る道が分岐する。ここは直進して林のなかを進もう。送電線が見えてくるとすぐに「天園まで1km」の道標に出合う。正面に大きな岩が見えてくる。ここを登るのだが、岩の表面にステップが刻まれているので問題はないはず。

　この大岩を過ぎるとしばらく水平歩行を続ける。先行する人たちのちょっと苦しそうな姿が見えてくるが時間はかからない。ここを抜けた地点が鎌倉アルプスの山頂、**大平山❹**。小さな頂だが、横浜方面の展望がいい。休憩は山頂下の広場がいい。広く平坦で大人数のグループでもゆっくりランチを楽しむことができる。

　下山は山頂下の広場から隣接するゴルフ場

半僧坊の一段上からの展望。相模湾が一望でき、眼下には建長寺の総門や本院が見える。湿度が低い日には富士山も見える

のフェンス沿いを歩くことになる。まるで公園のような雰囲気の道で、トイレも併設されている。樹林帯に延びる広い登山道を苦労することなく**天園❺**に到着。休憩ポイントでもある。この下に茶店がある。登山道をそのまま下る。市街地にある山とは思えないほど緑が豊かな場所だ。

少しだけ下り勾配のきつい道になる。丸太を埋めて土の流失を防いでいる道だ。ここを下る。正面が明るくなってきたら、そこで道は左右に分かれる。瑞泉寺方面は右へ。細い道から階段を下れば民家脇の**下山口❻**に下り

立つことができる。

時間があれば花の寺として知られる瑞泉寺に立ち寄ってみるといい。ここから10分ほど歩けば鎌倉宮のバス停だが、せっかく鎌倉に来たのだから鶴岡八幡宮を見学して鎌倉駅まで戻ろう。**下山口❻**から40分ほどだ。観光客でにぎやかな小町通りで食べ歩きをしたり、お土産を物色するのも楽しい。

💧 **水場** 水場と呼べる場所はない。事前に用意するか、北鎌倉駅から建長寺に向かう経路上にコンビニがある。
🚻 **トイレ** 北鎌倉駅、建長寺、天園手前、鎌倉宮にある。

●**問合せ先**
鎌倉市観光協会 ☎0467-23-3050
鎌倉市観光振興推進本部 ☎0467-61-3884
建長寺 ☎0467-22-0981

建長寺

建長寺（けんちょうじ）は神奈川県鎌倉市に建つ禅寺で、臨済宗建長寺派の大本山。正式には巨福山建長興國禅寺という。境内では多くの僧侶や修行僧の姿を見かけることができる。半増坊には黒いカラス天狗の像が安置されているが、それぞれ表情が異なり興味深い。

1604年（正保4年）に創建された建長寺仏殿

2 | 源頼朝ゆかりの源氏山から銭洗弁天へ 　初級

標高	93m
歩行時間	2時間20分
最大標高差	90m
体力度	★☆☆
技術度	★☆☆

げんじやま
源氏山

1/2.5万地形図　戸塚、鎌倉

登山適期とコースの魅力

	1月	2月	3月	4月	5月	6月	7月	8月	9月	10月	11月	12月
					サクラ				ハス		紅葉	
		スイセン					アジサイ				ツバキ	
				キブシ								

展望　源氏山は木々に囲まれ展望を得ることはできないが、終点の稲村ヶ崎は海沿いなので相模湾の展望が楽しめる。
花　鎌倉といえばアジサイ。北鎌倉周辺でも道沿いで観ることができる。とくに頼朝像が建つ源氏山公園はガクアジサイで知られている。

春　北鎌倉から鎌倉一帯が華やぐ季節。観光客を含めて多くの人でにぎやかになる。
夏　源氏山公園から銭洗弁天にかけて多くの観光客で混雑する。
秋　カエデやイチョウの紅葉は美しい。
冬　夏ほどではないが、週末は登山者が多い。

源頼朝像。今でも多くの人が訪れている

アクセス

東京駅 —［JR横須賀線 52分 830円］— 北鎌倉駅 ‥‥‥［2時間20分］‥‥‥ 稲村ヶ崎駅 —［江ノ島電鉄 10分 220円］— 鎌倉駅 —［JR横須賀線 55分 950円］— 東京駅

JR北鎌倉駅が起点駅。ここで下車するハイカーの多くは鎌倉アルプスが目当て。そんな人たちから外れてスタートする。また、自宅が藤沢駅に近いなら紹介コースを逆に歩いてみるのもいい。人気の江ノ島電鉄は藤沢駅、江ノ島駅にも停車する。帰路に稲村ヶ崎から乗車して江ノ島駅（小田急線）、藤沢駅（JR東海道線）を利用するのもいい。

コースガイド　源氏ゆかりの山で頼朝像と対面

　横須賀線の**北鎌倉駅①**で下車したら、横須賀線に沿った南側の道を歩く。すぐにコンビニがあるので利用するといい。その先に郵便ポストのある分岐に出合う。ここが**源氏山登山口②**だ。右の舗装道を進む。右側に見えてくるのが浄智寺で、すぐにその境内を歩くことになる。どこか京都を思わせる閑静な道だ。5、6分歩くと山道に入る。

　階段状の道に変わると山の中に入っていく。いきなり木の根が露出した箇所も登場するが、本格的な登山道ではないので、気をつけて登れば問題はない。岩が迫り出した場所を過ぎると歩きやすい道になる。

源氏山周辺の登山道は整備されていて歩きやすい。時折、生活音も聞こえてくるので安心できる

木の根が露出した箇所では極力踏まない努力をしたい

大仏坂トンネル手前の分岐まではこうした気持ちのいい山道が続く

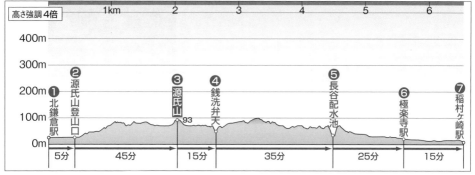

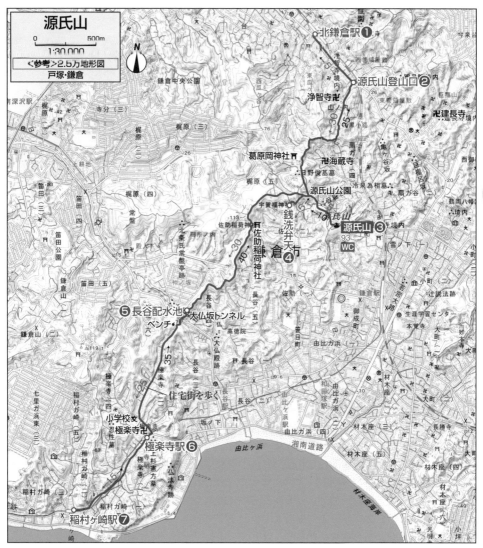

①源氏山公園の源頼朝像。初夏になるとガクアジサイに囲まれる。②アジサイの花で知られる葛原岡神社。③階段部分も写真のようにしっかり取り付けられている。④源氏山山頂。いくつもの石碑がある。⑤銭洗弁天入口。鳥居が目印

階段を下ってしばらく登山道を歩くと、広場のような場所に出る。ここに葛原岡神社がある。この広場のような場所は神社の境内のようだ。休日なら多くの観光客で混雑している。たくさん置かれたベンチで休憩する人たちの姿が印象に残る。

正面の広い道を進むと清涼飲料水の自動販売機がある。ここが源氏山公園の入口。自動車侵入禁止のクサリが張られているので、そこを越えて公園内に入る。道標に導かれるようにして進むと広場に着く。ここに源頼朝像がある。凛々しい顔つき。歴史好きにはたまらない瞬間だ。この像の前を進んだ地点にトイレがある。さらにその先の階段を登り詰めると**源氏山❸**山頂に着く。大きな木々に囲まれ、とても静かな頂。中央には小さな祠が祀られていて「源氏山」と書かれた札が付けられている。ここでたっぷり休憩するのもいい。ただし、ベンチなどはないのでレジャーシートを持参しよう。このエリアでは最も人の少ない場所といえるかもしれないからだ。ほとんどの人はすぐにここから下山している。

銭洗弁天から鎌倉の大仏方面へ下る

源氏山山頂から源氏山公園の入り口まで戻り、銭洗弁財天の道標に従って舗装された道を下ると、右側に銭洗弁財天で知られる宇賀福神社の入口がある。岩壁に掘られたトンネルを抜けた所が**銭洗弁天❹**。小銭やお札を洞内に湧く水で清めればご利益があるといわれる場所だ。観光客に混じって小銭を清めてみよう。

銭洗弁天から往路を源氏山公園へ戻る。すぐに源氏山公園と佐助稲荷神社方面に向かう分岐に出る。ここを左へ。佐助稲荷神社方面へ向かう尾根道に入る。とはいえ住宅地に延びる道なので舗装されている。左下には鎌倉市街地と相模湾が広がっている。しかし、展望がいいのは最初だけで、すぐに森の中の水平歩行から長い階段状の登山道を下ることになる。

8

9

⑥佐助稲荷神社手前の道。住宅地が広がっている。⑦佐助稲荷神社付近の登山道から眺める鎌倉の海。⑧銭洗弁財天宇賀福神社。連日多くの人が訪れている。⑨極楽寺。1259年（正元1年）建立の古刹。全盛期には49の塔頭を備えた大寺院だったようだ

極楽寺から
稲村ヶ崎駅へ

　森の中の道は変わらないが、地元の人たちが散歩をする姿を見かけるようになる。それだけ愛されている道ということなのだろう。高徳院1kmの道標に従い階段状の道を下る。しばらく行くと現在位置を示す看板があるので、その分岐（大仏坂トンネル手前分岐）を右に登る。辿り着いた所が**長谷配水池⑤**で絶好の休憩ポイントになる。ベンチに腰かけて少しのんびりする。ここから静かな住宅街を道なりに歩けば江ノ島電鉄の**極楽寺駅⑥**。40

年以上前にテレビで大ヒットした青春ドラマの舞台になった所。駅の北側に古刹の極楽寺がある。真言律宗の落ち着いた寺院だ。時間があれば見学していこう。

　極楽寺駅から江ノ島電鉄（通称エノデン）の軌道沿いに歩く。民家が並ぶ軒下を走るエノデン。どこも撮影ポイントだ。そのまま下って**稲村ヶ崎駅⑦**から帰路につく。

💧 **水場**　水場と呼べる場所はない。事前に用意するか、北鎌倉駅前のコンビニを利用する。

🚻 **トイレ**　北鎌倉駅、源氏山公園に2ヶ所、銭洗弁天、長谷寺、極楽寺駅、稲村ヶ崎駅にある。

●問合せ先
鎌倉市観光協会　☎0467-23-3050
鎌倉市観光振興推進本部　☎0467-61-3884

長谷配水池

設定ルートの下りで大仏坂トンネルを越えた所に長谷配水池がある。ここが休憩ポイント。住宅街を登った峠のような箇所にあるため、開放的で鎌倉を取り囲む小さな山々が見える場所だ。ここでひと息入れよう。静かで落ち着ける場所だ。

滅多に観光客は訪れない。地元の人に迷惑にならないように注意しよう

		標高	120m
3	天然の要塞都市古都鎌倉を取り囲む低山を歩く	歩行時間	2時間10分
		最大標高差	100m
	初級	体力度	★☆☆
		技術度	★☆☆

きぬばりやま
衣張山

1/2.5万地形図	鎌倉

登山適期とコースの魅力

	1月	2月	3月	4月	5月	6月	7月	8月	9月	10月	11月	12月
	セツブンソウ				サクラ		アジサイ				紅葉	
		ユキワリイチゲ							イワタバコ			

花 3月中旬のカンヒザクラやボケ、下旬のレンギョウ、サクラ、ユキヤナギ、モモなどが美しい。2月上旬〜4月中旬のツバキもいい。

展望 衣張山山頂から眺める鎌倉の海とその奥に見える富士山が印象に残る。

切通 鎌倉時代に造られた防御の道が残る。

春 新緑の間に小さな野の花が咲き、美しい。

夏 古都鎌倉には多くの観光客が訪れるが、紹介コースを歩く人は少なく落ち着いている。

秋 紅葉を求めて多くの人が訪れる。落ち着いた古都の雰囲気が人気。

冬 陽だまりと、澄んだ空気が心地いいはず。

鎌倉市内で頻繁に見かける野生のリス

アクセス

東京駅	🚃 JR横須賀線 55分 950円	鎌倉駅	- - - 👟 2時間10分	鎌倉駅	🚃 JR横須賀線 55分 950円	東京駅

スタートもゴールも鎌倉駅。JR横須賀線とJR湘南ライン、江ノ島電鉄が通る駅だが、自宅から最も効率のいい行き方

を選ぶようにしよう。また、江ノ島電鉄に乗車したことのない人は帰路に江ノ島駅か藤沢駅まで行ってみるといい。

湘南海岸沿いを走る魅力的な電車だ。江ノ島駅からは小田急線片瀬江ノ島駅まで歩いて新宿駅へ。

コースガイド

鎌倉駅から鶴岡八幡宮前を通って登山口まで行く

鎌倉駅❶を出たら若宮大路か小町通りを抜けて**鶴岡八幡宮❷**へ。時間があれば参拝していこう。鶴岡八幡宮から東へ。岐れ道の信号を直進。杉本寺の先、**犬懸橋❸**で右に入る。住宅街に延びる道だ。少しずつ登り勾配になってくると山道に入る。ちょっと勾配の強い道だが、衣張山までは時間がかからないので頑張ろう。この登山道には「平成巡礼道」という名称がある。巡礼に訪れる人も多いようだ。左右にササが現れればすぐに**衣張山❹**に到着する。

小広い山頂からは鎌倉の海岸や江ノ島、伊豆半島などが眺められる。湿度の低い晴天

1 2
3 4

①時間が許せば屈指の大寺、建長寺にも立ち寄りたい。②杉本寺の先に架かる犬懸橋。ここが衣張山の実質的な登山口。右へ進む。③住宅街には道標が多い。④階段状に造られた登山道

日なら富士山も展望できる。時間を取ってゆっくりしたい場所だ。

山頂から樹林帯を南へ。雑木林に延びる道だ。途中で階段を登ったり下ったりするが、

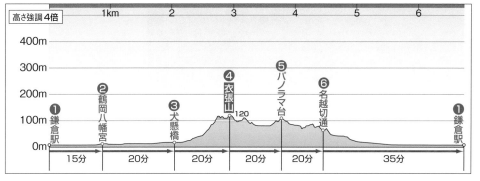

右に曲がる山道の分岐点に出る。左の舗装道を進むと水道局の設備がある場所で展望台にもなっている。

だが、ここはパノラマ台ではない。地元の人たちはここを「水道山」と呼んでいた。

パノラマ台⑤はこの水道山に登る舗装道と山道の分岐を右に入った所になる。分岐には小さなお地蔵様が安置されている。パノラマ台からは鎌倉から江ノ島にかけてが一望できる。少し休憩しながら展望を楽しもう。

名越切通から
のんびり鎌倉駅へ戻る

パノラマ台から登山道に戻って、そこに立つ道標に従って名越切通を目指す。「マムシ注意」の看板があるので、騒がず慌てずに早々に先に進もう。すぐに名越切通・まんだら堂やぐら群の道標に従う。これに従って明るい山道を進む。近隣の小さな山々が見えてくると小さな台地に乗る。ここからわずかに進むと民家がある。その脇を進むとすぐに山道に入る。小さな広場を抜けて岩の多い場所に着くと、そこで名越切通の道標に出合う。ここ

山頂からは江ノ島や箱根方面の山並みが楽しめる

軽いアップダウンなので心配する必要はない。次に目指すパノラマ台、名越切通の道標はなかなか現れない。麓にある公園に入った所に名越切通への道標があった。この公園は富士山の展望台としても知られる場所のようだが、地元の人たちが圧倒的に多く、ハイカーの姿を見かけるこは少ない。また、この公園は関東の富士見百景にも選定されているらしいが、それよりも地元の人たちの安らぎの場であるようだ。

この公園を抜けると、左に登る舗装道路と

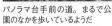
パノラマ台手前の道。まるで公園のなかを歩いているようだ

名越切通。まんだら堂やぐら群と長勝寺の分岐点になる

まんだら堂やぐら群。崖に掘られた横穴が残っている

を左へ。しばらく進めば**名越切通❻**だ。道の両側が岩壁になった場所で、説明看板が設置されている。わずかに進むと、まんだら堂やぐら群の前に出る。

ここは鎌倉七口のひとつに数えられ、鎌倉と逗子を経由して三浦半島各地を結ぶ名越切通にめる大規模なやぐら群だ。まんだら堂やぐら群のやぐらは、集合住宅のように2〜4段に重なり、その数は150穴以上になるらしい。「やぐら」とは鎌倉時代から室町時代に鎌倉や周辺の崖地に造られた横穴式の墳墓か供養の場所と考えられているようだ。鎌倉には平地が少ないため、崖地を利用したということのようだ。葬られているのは、武士や僧侶などの上流階級に限られていたらしい。由比ヶ浜エリアには集団墓地と推測される遺跡がいくつかあるそうだ。

まんだら堂やぐら群は国の史跡に指定されている。見学できる期間は限られているので、詳しくは逗子市社会教育課☎046-873-1111へ問合せること。

まんだら堂やぐら群を過ぎると第一切通。岩壁の間の狭い道を抜ける。そこからわずかに歩くと住宅街に入る。亀ヶ岡団地だ。そのまま団地に入り直進。最初の十字路を右へ行くと亀ヶ岡自治会館があるので、その建物脇の階段を下る。大きく3回ほど折り返すよう

亀ヶ岡団地。帰路はここの階段を下って国道311号線へ

逗子から鎌倉に抜けるトンネル。連続して2本のトンネルを抜ける

にして下る。下りきった地点を右へ行くと国道311号線に合流。そのまま進むとトンネルを抜けて鎌倉市内に入る。野生のリスが沿道の民家の庭で遊ぶ姿を眺めながら鎌倉駅を目指す。時間があれば小町通りを散策しよう。

💧 **水場** 水場はないが、鎌倉駅から登山口までの道筋にはコンビニや清涼飲料水の自販機がある。

🚻 **トイレ** 鎌倉駅、鎌倉宮、途中の各寺社。

●**問合せ先**
鎌倉市観光協会 ☎0467-23-3050
逗子市社会教育課 ☎046-873-1111

鎌倉の切通

鎌倉は三方が山に囲まれているため、守るには有利な地形だが、人や物資の輸送には不便なため、山の稜線を切り開いて道を造った。それが切通だ。主な切通は7本あった。現在でも生活道路として利用されている道は多い。

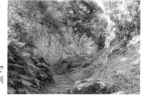

名越切通。現在でも生活道路として利用されている

4 | 小さな子ども連れでも十分に楽しめる低山

初級

標高	118m
歩行時間	1時間30分
最大標高差	100m
体力度	★☆☆
技術度	★☆☆

1/2.5万地形図	鎌倉

仙元山
せんげんやま

登山適期とコースの魅力

1月	2月	3月	4月	5月	6月	7月	8月	9月	10月	11月	12月

ヤマサクラ
ツツジ
ツリガネニンジン
ヤマユリ
紅葉

花　春の訪れは早く、3月中旬にはスミレやキブシ、椿、ハナモクレンなどを観ることができる。夏にはアキノタムロソウやムラサキシキブなどが足元を飾ってくれる。
展望　山頂からは江ノ島が見える。好天なら相模湾の上に聳える富士山の姿も確認できるはず。

春　小さな花たちを登山道で観ることができる。山頂は地元の親子連れが多く訪れている。それだけ愛されている証拠かもしれない。
夏　夏休み中の地元の子供たちでにぎやか。
秋　トレラン愛好家の姿を頻繁に見かける。
冬　風があると寒いが日当たりはいい。

木の幹に付けられた札が山頂の証し

アクセス

東京駅 — JR横須賀線 1時間 950円 → 逗子駅 — 京急バス 7分 200円 → 風早橋バス停 — 1時間30分 → 長柄交差点バス停 — 京急バス 7分 200円 → 逗子駅 — JR横須賀線 1時間 950円 → 東京駅

東京駅からJR横須賀線1本で行くことができる。また品川駅から京浜急行本線を使う場合は金沢八景駅で京急急行逗子線に乗り換えて逗子・葉山駅で下車する。JR逗子駅とは徒歩5分の距離。京急バスは京急の逗子・葉山駅を経由して長柄交差点、風早橋へ向かう。帰路はJR逗子駅まで逗子郵便局経由となり、所要時間は往路とほぼ変わらない。

コースガイド

仙元山の名称の由来を知ってから登ろう

　スタート地点の風早橋バス停は逗子駅から歩いても30分ほど。車道沿いの歩道を歩くことになる。途中で桜山トンネルを抜けるので、その間はマスクを着用したほうが無難。このトンネルは意外なほど交通量が多いので、十分に注意し、できるだけ早く通り抜けよう。
　目指すのは仙元山。三浦アルプスの西端に位置する山で相模湾、江ノ島、富士山などの展望に優れている。この山は地元の人たちの休息の場となっているようで、天気に恵まれた日だと老若男女が思い思いに時を過ごしている。とくに小さな子どもたちの姿が多く、友達と山頂の草地を走り回る姿に元気をもら

京急逗子・葉山駅前。バスを利用しないなら、バス通りを歩く

桜山トンネル。徒歩の場合はここを抜ける。歩行者の多いトンネル

風早橋バス停で下車したら、この信号を渡って右へ行く

左上に登るのが葉山教会への道。勾配が強い舗装道路だが、すぐに葉山教会に着く

える。
　そもそも仙元山という名称はどこからつい

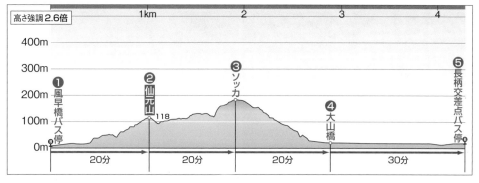

高さ強調2.6倍

| 20分 | 20分 | 20分 | 30分 |

JR逗子駅・京急逗子・葉山駅へ↑

仙元山

300m
1:15,000
＜参考＞2.5万地形図
鎌倉

長柄桜山古墳群

芳ヶ久保　　　長柄

大山橋 ❹

竹林を下る

❶風早橋バス停
トンネル手前を右へ

葉山
木の下通り

堀内

葉山教会
葉山教会の看板

❷仙元山
118
WC

△75.9

森戸

❺長柄交差点バス停

189
ソッカ ❸
大山ハイキング
コース12-2看板

樹林帯を歩く

戸根山

文化会館

葉山田

①仙元山から先はアップダウンのある山道を進むことになる。②この斜面を登れば仙元山。③登山道の取付地点になる葉山教会。④仙元山山頂

たのだろう。仙元山という名の由来は富士信仰に関係している。つまり、富士信仰の修行の場となっていた山のことをいう。首都圏近郊には仙元山と名がつけられた山は多いが、すべてこの富士信仰に根源がある。そうしたことを知ると、ここから眺める富士山に手を合わせたくなる気持ちになる。

風早橋バス停から
スタートする

　風早橋バス停❶でバスを降りたら、道路をそのまま直進してトンネル手前の信号で道をを渡り、木の下通りを進む。すぐに左にかなりの勾配で登って行く道が見える。次の信号手前でこの急坂に入る。登り着いた地点が葉

山教会。この建物の左に小道が見えるので、そこに入る。すぐに登り勾配の山道になる。頑張ってクリアしよう。すぐに**仙元山❷**の山頂に到着する。地元の人たちが思い思いに過ごす姿が印象に残る。

　ここは相模湾と富士山の展望に心癒される場所。一段上にテラスがあるので、ここで時間の許す限りのんびりするのがこの山の楽しみ方。下山は往路を戻るのが早いが、まだまだ歩きたいという人は、少しだけ三浦アルプスの縦走路を歩いてみよう。

仙元山から深い
樹林帯を登る

　仙元山山頂から樹林帯に延びる登山道を登る。このエリアは管理する行政機関が複雑に入り組み、さらに企業、個人所有の土地も多いことから登山者にとって役立つ道標類が少ないのが現状。唯一「12」、「13」といっような看板が立てられている。ここではその「12-2」という看板で左に下山するルートを紹介する。

　水場　山中に水場はない。逗子駅、逗子・葉山駅周辺にコンビニがある。自販機も多い。

トイレ　逗子駅、逗子・葉山駅、仙元山山頂にある。

●問合せ先
葉山町役場産業振興課　☎046-876-1111
京浜急行バス（逗子）　☎046-873-5511

仙元山のテラスから眺める相模湾。江ノ島や伊豆半島、富士山を展望することができる

　仙元山のテラスで眺めを堪能したら、「カンノン塚」の道標に従って登山道を登る。ここから先は樹林が深く展望を得る場所は限られる。軽いアップダウンが続くが分岐らしい分岐はないので、道なりに進めばいい。長い階段登りもあるが、そうした箇所には手摺り代わりのクサリが張られた箇所が多い。

　「13」の看板を過ぎてしばらく進むと「12-2」という看板が現れる。この分岐点は現地では**ソッカ❸**と呼ばれているが、山中の道標類にはそうした表記は見当たらない。このソッカで左に下る。細い竹に覆われた道だが、すぐに住宅地に下りることができる。このエリアは森が深く、手入れされていない箇所も多いので気付きにくいが、登山道と住宅地は意外に近いということがわかる。

　住宅地に出たら、左方向へ舗装された道を歩く。**大山橋❹**を渡ると川久保という交差点に出る。そこを渡って左へ行くと**長柄交差点バス停❺**に着く。ここからバスを利用して逗子・葉山駅に戻る。バス待ちの時間が長ければ、車道を20分ほど歩けばいい。

●登山の注意点

　三浦半島には、名前はついていても山とも丘ともいえないような低山がいくつもある。この仙元山もそうした山のひとつだが、現地でも情報は意外に少ない。したがって、安全な登山のためには事前の準備が必要だ。わからないことは葉山町役場に聞いてみるのも一案。ネット情報はあまりあてにならない。

葉山教会への激坂と展望

　葉山教会が仙元山の登山口になるのだが、その手前の舗装道路の勾配が強い。仙元山に登る難所ポイントともいえるが、わずかな時間なので立ち休みをしながらクリアしよう。そのご褒美として坂の途中から江ノ島方面が見えてくる。

葉山教会手前の急坂だが、舗装されているので安心　坂の途中から眺める相模湾。江ノ島がよく見えた

5	軽いアップダウンが続く三浦半島の縦走路	初・中級

標高	207m(上二子山)
歩行時間	3時間55分
最大標高差	200m
体力度	★★☆
技術度	★☆☆

みうらあるぷす
三浦アルプス

1/2.5万 地形図	鎌倉

登山適期とコースの魅力

	1月	2月	3月	4月	5月	6月	7月	8月	9月	10月	11月	12月

ヤマザクラ（3月〜5月）
ツツジ（4月〜5月）
ツリガネニンジン（6月〜7月）
ヤマユリ（7月）
紅葉（11月〜12月）

展望 阿部倉山山頂からすぐのさくらテラスから江ノ島。上二子山から横浜方面が見える。
登山道 登山道は意外にしっかりしているが、迷いやすい。小さな脇道が多く、道標も少ないので要注意。迷ったらわかる地点まで戻る。
花 スミレ、ヒメウズ、ニリンソウなど。

🌸 野に咲く小さな花たちが探しやすい季節。ウラシマソウ、ウグイスカグラ、ミツバツツジ、タネツケバナ、ヒメオドリコソウなど。
☀ 山中は暑く、小さな虫たちに悩まされる。
🍁 11月中旬はスズメバチに注意が必要。
❄ 雪がなければ歩くことができる。

上二子山山頂に建つ展望橋

アクセス

東京駅 —[JR横須賀線 1時間 950円]→ 逗子駅 ---[3時間55分]--- 東逗子駅 —[JR横須賀線 1時間5分 950円]→ 東京駅

東京駅からJR横須賀線1本で行くことができる。また品川駅から京浜急行本線を使う場合は金沢八景駅で京浜急行

逗子線に乗り換えて逗子・葉山駅で下車する。JR逗子駅とは徒歩5分の距離。JR逗子駅、逗子・葉山駅から歩く

設定をしたが、JR逗子駅から葉山小学校行きの京浜急行バスに乗り、風早橋バス停で下車するのも便利。

コースガイド
逗子市街に近い仙元山から三浦アルプスを縦走する

　JR逗子駅❶で下車したら、登山口にあたる風早橋バス停❷までバスを利用するのが一般的だが、ウオーミングアップを兼ねて車道を歩いてみよう。途中、桜山トンネルを抜けるが凹凸のないまっすぐな道。歩道スペースが確保されている。

　風早橋バス停の先にトンネルが見えてくる。その入口の信号を右へ。木の下通りを進む。右側に民家が並ぶ通りだ。左に勾配のある道が見えている。次の木の下信号からこの道を登って葉山教会を目指す。簡易舗装された道は山中の登山道よりも勾配がきつい。しかし、振り返ると逗子の海岸が見えている。

①展望と日当たりに恵まれた仙元山山頂。②登山道の樹木は適度に伐採されている。③ソッカに立つ看板。④ソッカからは小さな竹林を下る

　葉山教会の正面玄関の左側に未舗装の道が延びている。ここが三浦アルプス縦走のスタ

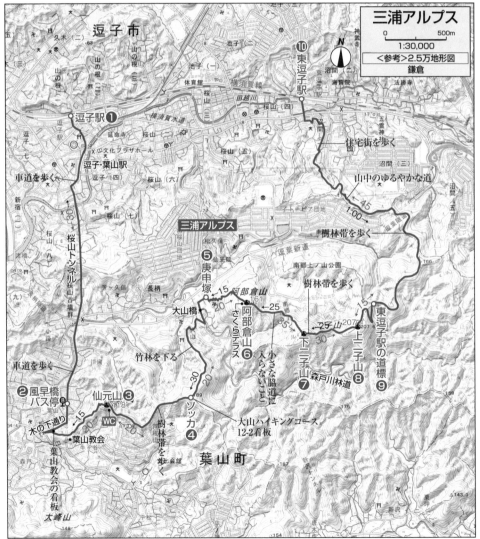

⑤阿部倉山の登山口に向かう。正面が阿部倉山。登攀意欲をそそられる。⑥木々に囲まれ、静寂に支配された阿部倉山。ゆっくり休憩していこう。⑦阿部倉山の登山口。庚申塚。⑧二子山への登山道は意外に深い樹林帯に延びている

ート地点になる。

　登山口を入るとすぐに山道になる。上空が開けて気持ちがいい。苦労することなく**仙元山❸**に到着する。相模湾や江ノ島方面の展望に優れた山頂で、広くトイレが併設されている。ひと休みしたら、カンノン塚への道標に従って進む。ここから先は道迷いの起こる可能性があるので慎重に進もう。樹林帯の一本道だが、万一迷ってしまったら、往路を戻るようにしよう。

　時折、樹林帯が開け太平洋の大海原が見える。三浦半島の山ならではのことだ。途中に現在位置を示す看板がある。「緊急時には目標番号をお知らせください」とあり、警察の電話番号が記載されているのだが、そうしたことよりもっと正確な道標をと思ってしまうの。というのも、このエリアはいくつかの行政機関や会社、個人が管理する土地が入り組

み、調整するのが難しい状況らしい。実際、道迷い事故は起きているので、絶対に無理はしないこと。

竹林を下り住宅地から再び登山道に取り付く

　本書のルートを忠実に辿って行くと**ソッカ❹**という分岐に着く。どこにも名称は書かれていないが、「12−2大山ハイキングコース」の看板がある。さらに仙元山から縦走してきた最初の本格的な分岐点で、ここを左下に見える竹林に向けて下る。すぐに住宅街に出る。

　この住宅街を進んで大山橋を渡ったら右へ。正面に見えている山（阿部倉山）に向かう。少し歩くと**庚申塚❺**があるのでそこを右へ。ひと登りすれば**阿部倉山❻**山頂。山頂は木々に覆われ静かだが、少し離れたさくらテラスからは江ノ島方面が眺められる。少し広い山頂でひと休みしよう。

　阿部倉山からわずかに進むと、右に登山道が延びている。この道が二子山へ向かう登山道。細く狭い道で小さな分岐が無数にあるが、すべて無視して本道（道幅が狭い箇所もある）を進むようにすれば大丈夫だ。このエリアも地権者が複雑で、登山道脇に作業用の小道な

 水場　山中に水場はない。逗子駅、葉山・逗子駅周辺にコンビニがある。自販機も多い。

トイレ　逗子駅、逗子・葉山駅、仙元山山頂にある。

●問合せ先
葉山町役場産業振興課　☎046-876-1111
京浜急行バス（逗子）　☎046-873-5511

どがあるため、絶対に本道から外れないこと。アップダウンのきつい箇所もあるが、落ち着いて歩こう。休憩に適した箇所はないので、疲れたら立ち休みを繰り返すようにしよう。展望を得ることのできない道が続くが我慢するしかない。

軽いアップダウンから十分に踏まれた登りになると、それまでの緊張感から解放されるはず。しばらく進めば**下二子山❼**山頂に着く。ここでひと休みしよう。腰を下ろす場所はないので、息が整ったら出発しよう。

⑨登山途中から展望する江ノ島。晴天日なら気持ちのいい展望を楽しむことができる。⑩上二子山山頂の展望櫓。眺めを楽しんだら、展望櫓下の草地でのんびりしよう。⑪東逗子駅に下る道標

わずかな時間で**上二子山❽**山頂に到着する。それまでの鬱憤を晴らしてくれるかのように視界が広がる。広場になっていて、休憩場所には事欠かない。また、展望デッキが備えられていて、ここからの展望も楽しみだ。とくに横浜方面の広がりが魅力的だ。時間の許す限りのんびりして、それまでの緊張をほぐすようにしたい。道標の少ない道は、ここで終了となる。

下山は上二子山から15分ほど進んだ箇所にある**東逗子駅の道標❾**に従って歩く。よく整備された道で、所々に東逗子駅への道標が設置されている。

道が完全に下りになると下山口は近い。住宅街に入ると、東逗子駅への案内看板があるので心配はない。小学校を過ぎて駅入口の信号を渡れば**JR東逗子駅❿**だ。ここから横須賀線で帰路につく。

※**ソッカ❹**で阿部倉山方面に下らないとそのまま観音塚を経由して道迷いエリアの外側を周回するコースに入ってしまう。乳頭山から馬頭観音を経由して最終的には東逗子駅に下山できるが、不明瞭な箇所が多い。

森戸川林道から上二子山へ（中級以上向）

ソッカから竹林を下り、森戸川沿いの道に入ったら右へ進む。すぐに民家は途絶え、鳥の声しか聞こえてこない静かな道に入る。三浦半島中央道路をくぐりさらに進むと、左にベンチが置かれた地点に出る。ここに二子山への道標がある。もし、ここを行き過ぎてしまうと完全に沢歩きになってしまうので、引き返して二子山への道標とロープが張られた斜面を探す。二子山への道標に従って勾配のある斜面を登る。短いロープがいくつも垂らされた道だ。ここをクリアすると稜線に乗る。ここで道標に従って二子山山頂へ。下山は往路を15分ほど戻り、東逗子駅の道標に従う。

森戸川林道の終点。ここから二子山への道に取り付く　二子山への登り道。ロープ頼りの箇所には要注意

三浦・湘南・相模

三浦アルプス

27

6 三浦富士

三浦半島突端近くに並ぶ3つの峰を縦走する　**初　級**

みうらふじ

標高	183m
歩行時間	**2時間15分**
最大標高差	180m
体力度	★☆☆
技術度	★☆☆

1/2.5万 地形図　**浦賀**

登山適期とコースの魅力

	1月	2月	3月	4月	5月	6月	7月	8月	9月	10月	11月	12月
				サクラ				ハス			紅葉	
		スイセン			ハナショウブ						コスモス	
			シャクナゲ									

展望 武山山頂からは三浦海岸、鎌倉、横浜方面が眺められる。

遺跡 砲台山には旧日本海軍の砲台跡が残っている。本土防衛の最後の手段だったようだ。

静寂 里山的な雰囲気を残すエリアだが、意外に緑は濃く、深い。静寂に支配されたエリア。

🌸 晴天日に訪れると新緑が目に眩しいくらいだ。最もおすすめの季節。

🌿 樹林帯が深いので盛夏はおすすめできない。

🍁 紅葉はそれほどきれいなエリアではない。

❄ 雪が積もることも少なく、陽だまりハイクを求めて首都圏から多くの人が訪れている。

潮風が心地いい京急津久井浜駅

アクセス

品川駅		津久井浜駅		竹川バス停		三崎口駅		品川駅
	🚃 京浜急行本線 特急 1時間10分 870円		👟 2時間15分		🚌 京急バス 20分 340円		🚃 京浜急行本線 特急1時間15分 950円	

登山口の津久井浜駅は京浜急行線の駅。品川駅から京浜急行本線で一気に行くことができる。また、川崎駅、横浜駅

に停車するので各接続駅までJRや東急東横線などを使ってアクセスするといい。また、夏休みになると海水浴客で混

雑する路線なので要注意。
マイカー 山頂をピストンするなら駅前の有料駐車場を利用することは可能。

コースガイド

のどかな田園風景を楽しみながらのんびりとした気分で歩く

　スタート地点の**津久井浜駅❶**は海に近いこともあり、ほのかに潮の香りが漂ってくる。改札口を出て、左のガードをくぐり抜けると住宅街を歩くようになる。遠くに田畑が広がるのどかなエリアだ。

　10分ほどで**高田橋❷**に着くので、たもとを右折して進む。左にこれから登る三浦富士から武山の山並みが見えている。次の曲がり角に三浦富士の道標があるので、それに従って左へ。目の前に三浦富士～砲台山～武山がはっきり確認できる。早くその縦走路に入りたい気持ちを抑えて、ゆっくり進もう。

縦走路入口に建つ浅間神社の鳥居。実質的にはここから登山道が始まる

三浦富士山頂。さまざまな石碑や祠がある。最初の休憩地

三浦富士から砲台山に向かう登山道。登山道というより遊歩道に近い

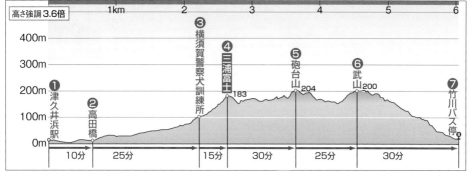

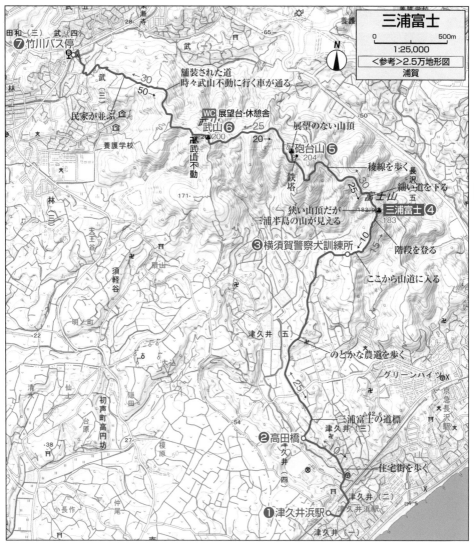

①のどかなロケーションが広がる。正面に三浦富士の稜線が見えている。②三浦海岸の展望がいい見晴台。③武山山頂の鉄塔。④武山山頂手前の大木。枝を四方に広げ幹が太い

左に鳥居が見えてくる。その前を進むと道が細くなり、**横須賀警察犬訓練所❸**前に出る。その建物前からわずかに進むと山道に入る。木々の間の道を進む。道が大きく左に曲がると階段が現れる。手摺りつきの階段を登ると**三浦富士❹**だ。山頂は岩場で狭く、小さな祠が祀られている。眼下に広がるのは三浦海岸。箱根や伊豆方面も展望できるようだが、湿度の低い晴天日でないと難しい。

三浦富士から縦走が始まる。ここから武山方面へ向けて細い尾根道を下り、さらに階段状の道を下ると歩きやすい尾根道になる。すぐに見晴台の前に出る。三浦海岸に向けて開けた場所で、テラスが造られている。三浦富士で休憩したとしても、全体の歩行時間は短いので、ここで少し展望を楽しんでいこう。晴天なら写真撮影には困らない。自分だけの三浦海岸の写真を撮影しよう。

見晴台をスタートしてしばらく進むと、き

れいな緑のなかを歩くようになる。木漏れ日が心地よく感じられる道だ。不安定な箇所もなく、樹林を抜ける海風の心地よさに癒されながらゆっくり進む。こうしたのんびり歩きを楽しめるのがコースの特徴ともいえる。都心からのアクセスに時間がかかるため、休日でも思ったほど登山者が多くないからだ。

謎めいた砲台山で
ひと休みしよう

樹林帯の道を進んで行くと、道の真ん中に大きな岩が見えてくる。ここが砲台山の分岐になる。右の道に入るとすぐに**砲台山❺**に到着する。

砲台山は第二次世界大戦時、日本本土防衛のための砲台が築かれた所。鉄塔の前が広場になっていて、その端に当時の砲台の跡が残されている。砲台自体はないが、立派な戦争遺産だ。ここを訪れて何を感じるのか？　今を生きる我々に課せられた命題は大きいなどと感じてしまった場所だった。

砲台山から尾根道に戻り武山へ向かう。相変わらずの樹林帯歩きだ。途中、大きな木の下にベンチが置かれている。休憩ポイントだ。疲れていなくてもこのベンチに座ってみるといい。聳える大木に守られているような感覚

⑤武山山頂の展望台。きれいで使いやすい。⑥武山山頂に建つ武山不動。⑦下山口。ここから住宅街を抜けて竹川バス停へ。⑧武山山頂からの眺め。360度の展望が得られる

になるはずだ。

　土の流失防止のための階段を歩くようになると、右に鉄塔が見えてくる。ここが**武山⑥**だ。鉄塔の先を左に曲がると休憩所を兼ねた2階建ての展望台がある。2階の展望台からは三浦海岸方面や横浜方面までを見渡すことができる。天気の悪い日は階下の休憩所で休もう。

　この休憩所の前に武山不動がある。浄土宗の寺で正式には龍塚山不動院持経寺という。江戸時代には浦賀水道を通る船の目印にもなっていたらしい。地元の漁師の間では武山不動がどこから見えるのかで、漁場の位置を確認していたそうだ。そのため「波切不動」ともいわれている。

　下山は武山不動からその参拝道を下ること

になる。簡易的だが舗装され、クルマ1台分くらいの幅がある。本来は武山不動を訪れる人のための道なので、クルマとすれ違ったり追い越されることがある。その時は道端で避けるこ。下山口の竹川バス停までは30分ほど。展望を得ることはできないが、木々の緑の美しさに癒されながらの下山となる。所々に山頂と登山道入口との距離を示す看板が立てられていて目安になる。武山山頂まで1.3kmの道標が立つ地点で大きく右に曲がって住宅街に入る。バス通りに出れば**竹川バス停⑦**だ。

💧 **水場**　山中に水場はないので、事前に用意する必要がある。津久井浜駅前にスーパーがあるので、水と食料は手に入る。

🚻 **トイレ**　津久井浜駅、武山にある。
TOILET

● **問合せ先**
横須賀市観光案内所　☎046-822-8301

砲台山

海に面した三浦富士には戦争遺産が残っている。砲台山だ。第二次世界大戦時、本土防衛の最後の手段だったのだろうか。ここで命を懸けた人たちが偲ばれる。

戦争遺産としても重要な価値を持つ砲台跡

7 | 初級者でも少しだけ岩場歩きが体験できる

初　級

標高	139m
歩行時間	2時間30分
最大標高差	135m
体力度	★☆☆
技術度	★☆☆

たかとりやま
鷹取山

1/2.5万地形図	鎌倉

登山適期とコースの魅力

	1月	2月	3月	4月	5月	6月	7月	8月	9月	10月	11月	12月
				サクラ					キハギ		紅葉	
						イワタバコ・トキワツユクサ						

花　3月～7月上旬くらいまでが小さな花たちの見頃となる。アブラチャンやカタバミ、セイヨウタンポポ、ドウダンツツジなど種類は多い。
岩場　三浦半島で唯一のロッククライミング練習場として人気。
展望　横須賀や横浜、房総方面が眺められる。

春　小さな花たちを登山道で観ることができる。同時に山頂エリアでは多くのクライマーが練習する姿が見学できる。
夏　登山向きの季節ではないが登山者は多い。
秋　心地よい秋風を受けて歩けるシーズン。
冬　雪がなければ安全に歩くことができるはず。

鷹取山一帯が見渡せる山頂の展望台

アクセス

品川駅		金沢八景駅		神武寺駅		追浜駅		品川駅
	京浜急行電鉄本線 特急 38分 神武寺駅まで580円		京浜急行逗子線 5分		2時間30分		京浜急行線電鉄本線 特急 40分 580円	

東京方面からJRを利用する場合は横浜駅で、京浜急行に乗り換えるのが便利。帰路に途中でJRに乗り換えるなら

横浜駅、川崎駅を利用する。京浜急行へは京成線などから都営地下鉄浅草線を経由して直通する電車もあるので、品

川駅から乗車しても座れないことがある。平日だけでなく、休日には三浦半島方面へ向かう観光客でも混雑する。

コースガイド

湘南妙義の異名を持つ
三浦半島の岩山に挑戦する

　東京湾を一望する鷹取山の玄関口は京浜急行逗子線の**神武寺駅❶**になる。駅を出たら駅前の通りを左へ歩き始める。5分ほど歩くと神武寺・鷹取山ハイキングコース入口の大きな道標が立つ**登山口❷**。ここを右へ。目の前には中学校があり、校庭を走り回る中学生たちの姿に何故か勇気づけられる。

　突き当たりに老人ホームがある。ここから建物に沿うようにして山道が延びている。切通しのような道だ。右に老人ホームを眺めながら登る。池子石の石切り場を過ぎると、沢沿いから山に入るようになる。ゆるい勾配の道を登って行くと階段が現れる。ここを登れ

逗子中学校の入口の看板。ここが鷹取山登山口への道になる

老人ホーム前からの道。石切場の切通しのような道がしばらく続く

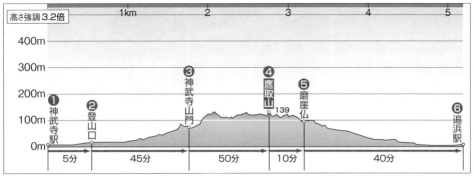

33

①神武寺入口。質素な造りで訪れる人に威圧感を与えない。②神武寺本堂。少し時間を取って見学しよう。③垂直の岩壁でロープワークの練習をする。④岩につけられたクサリを持って進む。足元に注意が必要。⑤山頂の展望台。鷹取山全体が見える。⑥下山道から眺める鷹取山

ば**神武寺山門❸**に到着する。

　神武寺は天台宗の古刹で山岳信仰の霊場のひとつに数えられている。その証しが薬師堂脇の鷹取山ハイキングコース左に立つ石柱。「女人禁制」の文字が読み取れる。現代ではそうした制限はないので、誰でも登ることができる。

　山門を入ると小さな広場があり、寺のいわれや植物分布を説明する看板が立てられている。トイレも併設されているので、利用させてもらうといい。また、境内で目を引くのが「なんじゃもんじゃの木」と命名された大木。樹齢は400年を超えているらしい。昔は樹種がわからなかったため、その名称がついたようだ。この大木の和名は「ホルトノキ」。「ホルトノキ科ホルトノキ属」に分類される。国内では社寺有林でよく見ることがある樹木だ。

露岩の道から山頂へ
東京湾の眺めをひとり占め

　神武寺境内を散策したら山頂に向かう。奥ノ院から、所々に露岩が見られる尾根道を登

る。アップダウンはあるが、とくに危険な箇所はない。ただし、足元が岩の上ということも多いので滑らないように注意したい。クサリが張られた箇所は頼らなくてもクリアできるはず。

　このエリアを過ぎると山頂下の広場に出る。切り立った岩が屹立している場所で、ロッククライミングの格好の練習場になっている。天気さえよければ多くのクライマーが岩と格闘している。そうした姿を眺めながら、そそり立つ岩場の風景を楽しむのもいい。

　鷹取山の山頂に行ってみよう。真上を見上げると展望台が見えているはずだ。そこが**鷹取山❹**の山頂になる。岩場に沿って広場を進み、鉄の階段を登れば山頂の展望台に着く。東京湾や八景島シーパラダイス、江ノ島、房総半島、横浜方面といった、広々と開放的な眺めを楽しめ、至福のひと時が過ごせるはずだ。ただし、展望台といっても広くはないので、ランチは山頂下の広場で広げよう。広場には清涼飲料水の自動販売機があり、トイレも併設されている。

展望台からの眺め。岩に取り付く人や横須賀、横浜方面が一望できる

摩崖仏と対峙してから
下山にかかる

　山頂下の広場では昼食時になると、ロッククライミングを楽しむ人たちもランチを広げている。そうした人たちと会話をしてみるとおもしろい。とくにロープワーク未経験者には勉強になるかもしれない。実際にここで幼少の頃から練習して、トップクラスのクライマーになった登山家もいる。興味があれば彼らに教えを請い、仲間に入れてもらうのもいい。

　下山は鷹取山の案内看板の後ろの切り立った岩の間を抜けて進む。高さ8mの**摩崖仏⑤**の脇に小道がある。ここを下ると舗装道路に出るので、道なりに住宅街を進む。京浜急行のガードをくぐって右

地元の彫刻家が制作した大きな摩崖仏

に行けば京浜急行の**追浜駅⑥**。

💧 **水場**　山頂下広場に水道があるが、事前に用意したほうが無難。神武寺駅近くにコンビニがあるのでそこで購入するのもいい。

🚻 **トイレ**　神武寺駅、神武寺、山頂下広場、追浜駅にある。

●問合せ先
横須賀市観光案内所 ☎046-822-8301
横須賀市観光課 ☎046-822-8294

神武寺

　鷹取山の登山口となる神武寺は天台宗の古刹。歴史ある厳かな雰囲気に包まれている。山号は医王山（医王山来迎院神武寺）。神亀元年（724年）に聖武天皇の命で行基が創建。その後平安時代に円仁が再興したと伝えられている。また、源実朝が承元3年（1209年）5月15日に参詣したことが「吾妻鏡」に記載されている。

耳が痛くなるほどの静寂が味わえる神武寺

8 国内で初めて海水浴場が造られた大磯海岸を見下ろす山

初級

標高	181m
歩行時間	2時間25分
最大標高差	170m
体力度	★☆☆
技術度	★☆☆

1/2.5万 地形図	平塚

おおいそせんげんやま
大磯浅間山

登山適期とコースの魅力

1月	2月	3月	4月	5月	6月	7月	8月	9月	10月	11月	12月
ヤマザクラ			サクラ				ヤマユリ			紅葉	
	スイセン				ヒマワリ						
				アジサイ							

展望 山頂の展望台からは眼下に相模湾の大展望が広がる。時間をかけて楽しみたいロケーションだ。

山頂広場 展望台が建つ山頂広場は広く、サクラの季節には花見客のレジャーシートが敷き詰められる

🌸 サクラのシーズンとともにハイカーたちが首都圏からも訪れるようになる。

🌞 海風が心地よく、涼を求める人で混雑。

🍁 紅葉目当てに縦走する人が多くなり、休日には山頂広場が混雑することもある。

❄ 雪の降ることが少ないため縦走適期。

大磯駅。ここがルートの起終点になる

アクセス

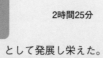

東京駅 ── JR東海道本線 1時間7分 1170円 ── 大磯駅 ── 2時間25分 ── 大磯駅 ── JR東海道本線 1時間7分 1170円 ── 東京駅

大磯浅間山のある大磯町は相模湾沿いにある。落ち着いた街並みは歴史を感じさせてくれる。元々は東海道の宿場町として発展し栄えた。明治時代中期から昭和初期には伊藤博文や吉田茂などの政財人が別荘を構え、高級住宅地といういメージが固定した。実際に訪れてみると確かにこうしたロケーションの街に住んでみたい。と思う人も多いはず。

コースガイド

大磯町の住宅街を登って浅間山を目指す

明るく開放的な**大磯駅❶**からスタートする。駅舎を出たら右へ。線路沿いを進む。好天日なら眩しいくらいだ。大磯小学校が見えたら右へ。JR東海道線の線路をくぐる。その後は住宅地を歩く。右に日蓮宗の古刹、妙大寺がある。ここの境内には、大磯に海水浴場を造ることを時の政府に進言した松本順（明治政府の陸軍軍医総監）の墓がある。

この妙大寺の先で右に入り、住宅街をジグザグに登る。振り返ると相模湾の大海原が眼下に広がり気持ちがいい。坂の頂上部分に到着したらもう一度振り返って大海原を眺めてみよう。ここで、**高田公園❷**への道標に従う。

①大磯の高台にある住宅街を登って大磯浅間山を目指す。②のどかな高田公園。市民の憩いの場になっている。③湘南平まで900mの道標。④高麗山に向かう尾根道。軽いアップダウンはあるがとても歩きやすい

階段登りが始まるが、高田公園まで時間はかからない。この公園は地元の親子連れや子どもたちで賑やかな場所。公園の一角には第二次世界大戦後の米軍占領下での状況を風刺し

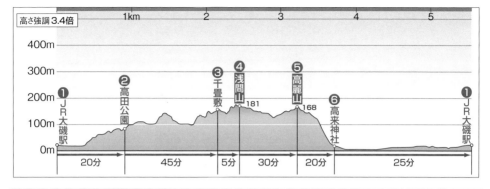

⑤大磯の住宅街を登る途中から眺める相模湾。伊豆半島も見えている。⑥湘南平に建つ展望台。360度の眺めが満喫できる。⑦湘南平と浅間山の中間点にある道標。⑧湘南平。ベンチの数は多く、休憩するには困らない

た随筆「ブラリひょうたん」の作者、高田保の墓がある。

高田保の墓の脇から簡易舗装された細い道を登る。数軒の民家の前を進み、スギ林を歩くことになる。

千畳敷でランチを楽しんだら広場でのんびりしよう

まっすぐに進むと右から林道が合流してくる。ここで左へ。すぐに山道になる。周囲の建物はまるで別荘のような造りだ。その先で湘南平の道標に出合う。長めの階段をクリアした所に東小磯配水池がある。

ここを右へ進む。軽い登りと滑りやすい下りが続くので、ゆっくり歩くことに専念しよう。木々の間から相模湾が見えている。丸太で造られた階段をクリアした所からしばらくの間、平坦な歩きが続く。

道がジグザグの登りになったら、湘南平と浅間山の分岐点はもうすぐだ。この分岐で左へ。湘南平を目指す。正面にテレビ塔、その

後方には**千畳敷❸**といわれる広場がある。その端に見える展望台に行ってみよう。最上階からの展望は圧巻だ。相模湾から伊豆半島、丹沢山塊のほか、東京、横浜方面も見えている。また、夜景も人気がある。展望台の下にはレストランや売店がある。展望台の後は千畳敷でゆっくりしよう。

浅間山から高麗山を縦走して大磯駅に戻る

千畳敷から湘南平と浅間山の分岐点まで戻り、浅間山に行く。階段を登って左に曲がると**浅間山❹**に着く。小さな浅間社が祀られている。展望はないがベンチが数台置かれているので、ここでランチ休憩とするのもいいかもしれない。

浅間山から高麗山にかけて稜線を進む。この尾根道はヒガンバナが自生することでも知られている。住宅街に近い山とは思えないほどの静寂に支配された登山道だ。登山道には軽いアップダウンはあるが危険はない。

⑨浅間山から高麗山に向かう尾根道。台風の後だと倒木があることもあるが、基本的によく整備されている。⑩広いがどこか寂し気な高麗山山頂。⑪週末には東京方面からも多くのハイカーが訪れる。⑫ト山口に建つ高来神社。厳かな雰囲気が魅力のひとつ

　高麗山へ300mの地点が鞍部で軽く登り返すと八俵山に着く。静かな山頂で展望はないが、休憩用のテーブルが置かれている。高麗山まで200mの地点になる。八俵山から歩き始めると立派な木の橋を渡る。その後は丸太で組まれた簡素な橋待ち受ける。そこを渡って軽く岩場を登れば**高麗山⑤**山頂だ。

　高麗山の山頂は平坦で広いが派手さはなく、小さな祠が祀られているほかはベンチが1台あるだけだ。山頂には高麗山の歴史が書かれた看板が立てられている。また、高麗山の南面はシイやタブを主体とした常緑広葉樹で構成され、沿海性の自然林に覆われている。さらにヤブツバキクラス域の自然林としては面積が十分に確保され、良質な森林として貴重な存在らしい。また、東海道沿いに美しい常緑広葉樹林が見られるのも珍しいようだ。

　高麗山からは長い石段を下ると男坂と女坂の分岐に着く。どちらを選択しても歩行時間に大差はない。ここでは男坂を下ってみる。岩場などはなく土の道の連続だが、勾配が少し強いので転倒に注意したい。下りきった地点が**高来神社⑥**だ。別名は高麗神社。

　高麗神社から鳥居を抜けて国道1号線を歩いて大磯駅に戻る。途中で松並木が美しい旧道に入って大磯駅に戻る。

水場　湘南平に水道があるが、できるだけ持参したい。大磯駅前で入手可能。

トイレ　大磯駅、湘南平、高来神社にある。
●問合せ先
大磯町観光協会 ☎0463-61-3300
大磯町産業観光課 ☎0463-61-4100

高来神社

高麗山からの下山口にある神社。歴史は古く神功皇后が三韓征伐（新羅・百済・高麗）後、神皇産霊尊（かみむすびのかみ）・高麗権現を祀ったのが始まりとされている。いつ訪れてもきれいに整備され、参詣に訪れる人が絶えない神社だ。

9 アクセスと富士山の展望に恵まれた 相模湖周辺の名山

初級

標高	702m
歩行時間	3時間15分
最大標高差	282m
体力度	★☆☆
技術度	★☆☆

せきろうさん
石老山

1/2.5万 地形図	与瀬

登山適期と コースの魅力

	1月	2月	3月	4月	5月	6月	7月	8月	9月	10月	11月	12月
			サクラ			ツツジ					紅葉	
		スイセン			オニノヤグラ					ヤブラン		
			フタリシズカ				イナモリソウ					

展望　山頂以外からでも富士山の姿を確認することができ、その度に足を止めることになる。
岩場　下山時に歩く顕鏡寺手前の道は奇岩のオンパレード。危険はないがいわれの看板などを読みながらゆっくり下るようにしよう。
山頂　山頂には多くのベンチが設置されている。

🌱　新緑の頃だと登山道脇に小さな花たちの芽吹きを観察することができる。
☀　盛夏はあまり登山向きではないが、望遠鏡を持参すれば富士山の登山道が見えるはず。
🍁　秋色に染まる登山道がきれい。
❄　12月中旬くらいまでが登山シーズン。

登山途中から相模湖や中央道が見える

アクセス

新宿駅 —JR中央線特快 高尾行45分— 高尾駅 —JR中央本線普通 10分（新宿駅〜相模湖駅990円）— 相模湖駅 —神奈川中央交通バス 7分 200円— プレジャーフォレスト前バス停 — 3時間15分— 石老山入口バス停 —神奈川中央交通バス 12分 200円— 相模湖駅 —JR中央本線普通 10分（相模湖駅〜新宿駅）990円— 高尾駅 —JR中央線特快 45分— 新宿駅

新宿駅からは京王線を使って高尾駅まで行き、そこからJR中央本線に乗り換える方法もある。この場合は相模湖

駅まで570円で行くことができる。JR中央線、中央本線を利用する場合と乗車時間はさほど変わりはない。帰路、

石老山入口バス停からバスで相模湖駅に戻る設定だが、相模湖を眺めながら4kmほど国道を歩く人も多い。

コースガイド

プレジャーフォレスト前 バス停がスタート地点になる

　相模湖駅からのバスを**プレジャーフォレスト前バス停❶**で降りたら、右手に赤い鳥居を見ながら住宅地に延びる道を進む。少し歩くと後方にプレジャーフォレストが見えてくる。右上に大きな木が立つ先に相模湖自然村キャンプ場の看板が立っている。これに従って進む。石老山の登山口は、このキャンプ場を抜けた地点にある。完全舗装された道は地元の人たちの生活道路。自動車の通行も多いので道路端を歩くこと。道幅が狭くなると登り勾配になり、後方にプレジャーフォレストの全体が見えている。この道の終点が相模湖自然村キャンプ場だ。自動車通行止めの柵を越え

石老山の登山口があるキャンプ場。場内を抜けて登山口へ

相模湖休養村。場内を抜けた場所に登山口がある

距離標示された道標の多いエリアなので、目安になる

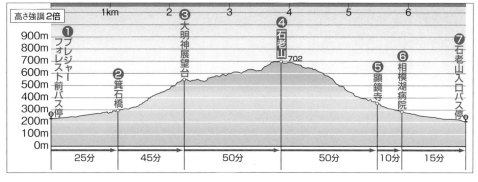

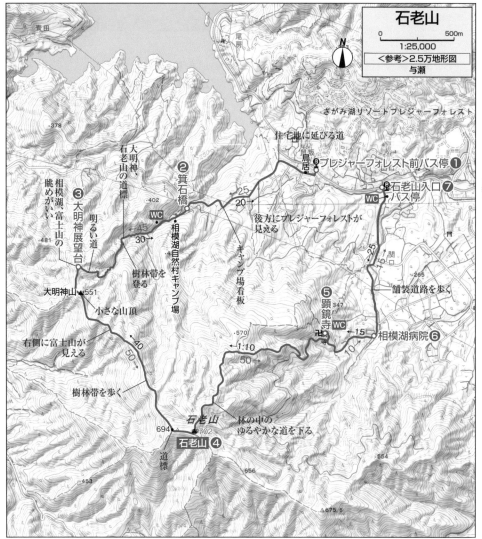

41

真っ直ぐに育った木々の間に登山道が延びて
いる

石老山山頂から眺める富士山。その手前が
御正体山

て進む。**箕石橋❷**を渡ってキャンプ場を抜け
た奥に登山口がある。トイレの先辺りから石
老山の登山道になる。

盛夏でも涼しげな
深い樹林帯を登る

　登山口を入ると分岐があるので、大明神山・
石老山の道標に従い少し荒れた登山道に取り
付く。木にピンクテープが巻かれているので
それに従えばいい。

　森のなかを登って行くのだが、大小の石が
転がり歩き難い箇所も多いので慎重に。苔が
生えた石が多いので、なるべく乗らないよう
にして登ること。少しずつ上方に日が当たり
始めると大明神の道標に出合う。わずかな時
間で明るい登山道になり、**大明神展望台❸**に
到着する。テラスが造られた展望台からの眺

めは雄大で、富士山や眼下には相模湖の展望
が広がっている。

　ここからわずかな時間で大明神山に到着。
祠が祭られた小さな山頂だ。樹木に囲まれ、
それほど展望には期待できない。大明神山か
ら石老山に向かう登山道は軽い上下はあるが、
おおむね歩きやすい。木々の間から富士山が
見える道だ。木の根が登山道に露出した箇所
では極力、根を踏まないようにしよう。途中、
道端に小さなベンチが置かれた所があるので、
そうした箇所で少しだけ息を整えるようにし
て進もう。土流失止めの木が埋め込まれた階
段状の道をクリアしてしばらく進むと、登山
道の勾配は緩んでくる。そのまま進めばたく
さんのベンチが置かれた**石老山❹**山頂だ。富
士山の展望に優れた山頂で時間の許す限りの
んびりしよう。

冬季だと木々の葉が落ち、陽だまりハイクが楽しめる

多くの登山者でにぎやかな石老山の山頂。日差しが心地いい

顕鏡寺にある岩屋。自然の大岩を利用して造られたそうだ

東海自然歩道に指定された顕鏡寺の道

山頂からは平安時代に建立された顕鏡寺へ

　石老山の山頂は休日になると季節を問わず多くの登山者で埋め尽くされる。開放的で気持ちがいい。当然、富士山の眺めもいい。

　ここから顕鏡寺へ下る。約2km。階段状の道を下り、よく踏まれた土の道に入る。樹林帯を抜ける風が心地いい道だ。途中、ベンチが置かれ相模湖方面の展望がいい場所が数カ所あるので、そうした箇所で休みながら下ることにしよう。八方岩、試岩、吉野岩などの大岩、奇岩が現れてくると**顕鏡寺❺**に到着する。この寺は高野山真言宗の寺院で西暦851年に建立された古刹。いくつもの奇岩があることでも知られている。厳かな雰囲気とたくさんの奇岩が続く道を存分に楽しみ

名前のつけられた大岩が連続する顕鏡寺付近の登山道

たい。

　顕鏡寺から道なりに舗装道路を10分ほど歩くと**相模湖病院❻**前に出る。この病院前の道は広小路といわれ、昔は顕鏡寺総門があった場所らしい。その広小路を抜けて車道に出る。こちら側の登山者、参拝者用の駐車場があるが、石老山は縦走した方が何倍も楽しい。

　相模湖病院から**石老山入口バス停❼**まではのんびりと住宅街を歩く。

●石老山の成り立ち

　石老山で見られる岩石は礫岩で、直径2mm以上の石のかけらが泥や砂とともに固められたもの。石老山礫岩（せきろうざんれきがん）という特別な名がついている。約600万年前に深さ数千メートルの海溝に溜まってできた岩が、岩盤プレートの動きで押し上げられ、現在の石老山になったという。

三浦・湘南・相模

石老山

💧 **水場**　山中に水場はない。そのため事前に用意するか駅で購入すること。

🚻 **トイレ**　相模湖駅、相模湖キャンプ場先、顕鏡寺、石老山入口バス停手前にある。

●問合せ先
相模原市観光協会 ☎042-771-3767
神奈川中央交通バス津久井営業所 ☎042-784-0661

プレジャーフォレスト

正式名は「さがみ湖プレジャーフォレスト」という。相模湖をバックにしてさまざまなアトラクションが用意されている。絶叫マシーンや観覧車、ジャンボ滑り台、迷路やアスレチック系、ドッフィールドまであり、家族全員が楽しめる施設といえる。
☎0570-037-353

大人から子どもまで人気のあるプレジャーフォレスト

10 多くの登山客、参拝客と表参道を登る

初級

標高	1252m
歩行時間	4時間15分
最大標高差	1,072m
体力度	★★☆
技術度	★☆☆

おおやま～ひなたやくし
大山～日向薬師

1/2.5万地形図	大山、厚木、秦野、伊勢原

登山適期とコースの魅力

	1月	2月	3月	4月	5月	6月	7月	8月	9月	10月	11月	12月
	積雪				イチリンソウ、ヤマルリソウ						紅葉	
					エイザンスミレ		ノアザミ					
					トウゴクミツバツツジ							

展望 大山の山頂からは相模湾や相模平野が展望できる。また山頂の東側からは横浜方面、快晴なら房総半島まで見える。

味 大山の名物は湯豆腐。大山ケーブル駅に向かう石段沿いに点在している。また、土産物としては手作りの大山コマが知られている。

春 4月初旬～中旬には大山春祭りが開催される。その頃からが本格的な登山シーズンとなる。

夏 モミやブナの原生林が輝く季節。

秋 10月初旬に阿夫利神社では火祭薪能が奉納され、多くの信者、観光客でにぎわう。

冬 積雪期でもケーブルは通年営業。

阿夫利神社下社。お参りして出発しよう

アクセス

新宿駅 — 小田急小田原線 快速急行56分 610円 — 伊勢原駅 — 神奈川中央交通バス 25分 320円 — 大山ケーブルバス停 — 15分 — 大山ケーブル駅 — 大山ケーブルカー 6分 640円 — 阿夫利神社下社駅 — 4時間 — 日向薬師バス停 — 神奈川中央交通バス 20分 290円 — 伊勢原駅 — 小田急小田原線 快速急行56分 610円 — 新宿駅

伊勢原駅から大山ケーブル駅バス停行きのバスは、休日や例大祭が行われる時には混雑することが多い。小田急の「丹沢・大山フリーパス」はケーブルカーつきのAきっぷ（新宿駅から大人2520円）とケーブルカーなしのBきっぷ（大人1560円）がある。それぞれ2日間有効。

マイカー 大山ケーブルバス停近くに有料駐車場がある。

コースガイド

ケーブルカーを利用して阿夫利神社下社から登山開始

大山ケーブルバス停❶から**大山ケーブル駅❷**まで土産物店や飲食店が並ぶ石段の道を登る。大山名物のコマを売る店や大山豆腐の店前ではどうしても足を止めてしまうはずだ。この石段を抜けた所に大山ケーブルの乗場がある。健脚者はここから男坂か女坂を登って
あ ふ り
阿夫利神社を目指してもいい。

大山ケーブルの乗車時間は約6分。着いた地点が**阿夫利神社駅❸**だ。何軒かの飲食店が並んでいる。ここから大山山頂へのルートは2本ある。1本は見晴台経由で山頂に向かう道。もう1本は阿夫利神社脇から表参道を辿るルート。今回は表参道から挑戦する。

阿夫利神社本殿に参拝したら左へ。そこに表参道入口がある。最初は104段の石段登り。まるで修行のようだが、手摺りを軽く持って登れば意外に疲れにくい。途中で休む時も手摺りから手を離さないこと。ここをクリアすると足場の不安定な表参道登りがスタートするので、ザックを下ろして適当な場所でひと息入れよう。その時には必ず水分補給を忘れないこと。

登山途中に出合う天狗の鼻突き岩。それらしい穴が見える

表参道から登るとここで山頂に出る。立派な鳥居が目印

高さ強調2倍								

❶ 大山ケーブル駅バス停
❷ 大山ケーブル駅
❸ 阿夫利神社駅
❹ 25丁目
❺ 大山 1252
不動尻分岐
❻ 見晴台
❼ 日向越
❽ 日向薬師バス停

15分	ケーブルカー	1時間20分	15分	1時間5分	15分	1時間5分

広い山頂で横浜、相模湾が見える
❺ 大山 1252
茶店
不動尻分岐
雷ノ峰尾根
見晴台が真下に見える
石雲寺卍
日向山荘
日向薬師
❹ 25丁目
阿夫利神社
イタツミ尾根
表参道
あずまやとベンチがある
❻ 見晴台
1:05
浄発願寺卍
WC
九十九曲
関東ふれあいの道
富士見台
二重滝
阿夫利神社
石段
原市
15
25
❼ 日向越
日向薬師バス停 ❽
WC
ヤビツ峠
阿夫利神社駅 ❸
大山ケーブル駅
大山ケーブル駅 ❷
10
大山ケーブル駅バス停 ❶
P WC
みやげ物店や食事処が並ぶ
石段の道
伊勢原市

大山〜日向薬師
0 1km
1:45,000
<参考>2.5万地形図
大山・厚木・秦野・伊勢原
N

厚木市

45

1

大山詣での定番コースで
富士山と対面して山頂へ

　岩混じりの道を進む。まるで修行のような道だが、夫婦杉を過ぎると多少歩きやすい道になる。天狗が鼻で突いたといわれる天狗の鼻突き岩を過ぎると蓑毛越分岐に到着する。小さな広場になっているので絶好の休憩場所だ。ここからひと登りで富士見台に着く。昔、茶店があった場所らしいが、その名の通り富士山の展望に優れている。

　富士見台からは尾根道らしさを感じることができるが、少し勾配が強いので焦らずに歩くことを心がけよう。また、登山当日に富士山が見えていれば、大山山頂からも見える可能性は高いので頑張ろう。

　左からヤビツ峠からスタートするイタツミ尾根が合流してくる。ここが**25丁目❹**。大

山山頂までは土の道と石段を15分登る。

　富士山は山頂に建つ茶店前から拝むことができるが、富士見台で見えていないと難しいかもしれない。湿度が低い晴天日に登れば富士山と対面できるチャンスがある。

　大山❺の山頂は奥の院を中心にして広場になっていて、相模湾や東京、横浜、三浦半島、伊豆方面が展望できる。御神木の雨降木（ブナ）は山頂南側にある。茶店もあるので、営業していたら利用するといい。少し時間を多く取ってランチと展望を満喫しよう。

明るい尾根道を下って
開放的な見晴台へ

　たっぷりと大山の山頂を堪能したら、トイレのある広場を抜けて樹林帯を歩く。さほど高低差を感じない気持ちのいい尾根道で、新緑や紅葉が美しい場所でもある。振り返ると

 水場　二重滝で水を汲む人もいるが、歩行時間は長くないので事前に用意しておこう。
トイレ　大山ケーブルバス停、大山ケーブル駅、阿夫利神社下社にある。大山山頂のトイレは例年12月上旬〜4月上旬まで凍結防止のため閉鎖。

●**問合せ先**
伊勢原市商工観光課　☎0463-94-4729
神奈川中央交通バス伊勢原営業所　☎0463-95-2366
大山ケーブル　☎0463-95-2040

2

大山山頂北側に建つアンテナ群が見えている。南東に向きを変えると勾配のあるジグザグの下りになる。大きくジグザグを繰り返しながら行く。登ってくる人とのすれ違いは、下りのスピードが出ているので慎重に。すれ違う手前で山側に立ち止まって待つ余裕を持とう。

さらに高度を下げていくと、ベンチのある場所に出る。晴天なら横浜方面が手に取るように眺められる。また、眼下に見える見晴台では多くの人が休憩している姿も見える。

体が冷えないうちに出発。ここからさらに厳しい下りが続く。意識してスピードを抑えるようにしよう。傾斜がゆるやかになってくれば**見晴台❻**に到着する。東屋とたくさんのテーブル、ベンチが置かれた休憩ポイントだ。

ゆるやかな尾根道から 樹林帯を抜ける

見晴台で休憩しても疲れが残るようなら、阿夫利神社へ抜けるルートに入り、阿夫利神社駅からケーブルを使って下山しよう。

日向薬師へは東屋の裏手に延びる尾根道を進む。穏やかで気持ちがいい。**日向越❼**の先、九十九曲の下り道は照葉樹に囲まれている。下り勾配はそれほど強くないので、ゆったりした気分で歩けるはずだ。ジグザグに進み、日向学習センター前を通過すると山道は終了。車道歩きに変わる。

簡易舗装された道は歩きやすいが、車道なので注意しよう。日向川に沿った道は歴史散策路で、休日には多くの歴史ファンの姿を見かける。そのひとつが江戸時代に男性の駆け込み寺だった浄発願寺。さらに降雨祈願で知られた石雲寺や大友皇子墓所など見学するところが多い。アウトドア施設の多い通りでもある。

歴史散策と自然を楽しみながらのんびり歩けば**日向薬師バス停❽**に到着する。さらに時間があれば日向薬師に寄ってみよう。

大山山頂から日向薬師に向かう途中に見晴台という広場がある。ここを右に進めば阿夫利神社下社。直進すれば日向薬師に行けるのだが、この広場にはたくさんのベンチとテーブルが置かれているため、休憩に適している。頭上には先ほどまでいた大山山頂部分も見えている。ここを過ぎれば比較的平坦に近い道になる。

①下山途中の登山道から見下ろす見晴台と伊勢原市街。②大山山頂。雨降木前から伊勢原市街地と相模湾を展望する。③土産物店や食事処が並ぶ大山ケーブル駅までの道。④すれ違いは登り優先で。⑤見晴台手前は平坦。⑥表参道から眺める冨士山。⑦日向薬師に向かう道。車の通行に要注意。⑧帰路は日向薬師バス停から

11 | 表丹沢を代表するヤビツ峠からスタート 〔初・中級〕

標高	1252m
歩行時間	6時間5分
最大標高差	1232m
体力度	★★☆
技術度	★☆☆

おおやま
大山（イタツミ尾根）

1/2.5万 地形図	大山、厚木、秦野、伊勢原

登山適期とコースの魅力

	1月	2月	3月	4月	5月	6月	7月	8月	9月	10月	11月	12月
積雪												
タチツボスミレ												
ヤマルリソウ												
トウゴクミツバツツジ												
紅葉												

展望　山頂からは相模湾や相模平野、富士山が見える。下山路の富士見台からの展望もいい。
味　大山山頂茶屋では豚汁が人気。ほかに山菜そばなどがある。
紅葉　山頂から稜線の紅葉は例年10月中旬〜11月。北側の斜面がとくにきれいだ。

春　新緑がきれいで大山が最も輝く季節。とくに湿度が低いと雪を被った富士山が見える。
夏　ブナやモミの原生林が美しい。
秋　10月の初旬には阿夫利神社で火祭薪能が奉納される。
冬　大山ケーブルでアクセスしよう。

大山山頂広場に建つ「大山山頂奥の院」

アクセス

新宿駅 →〔小田急小田原線 快速急行1時間7分 700円〕→ 秦野駅 →〔神奈川中央交通バス 48分 490円（原則通年運行だが積雪などにより運休有。要確認）〕→ ヤビツ峠 →〔6時間5分〕→ 鶴巻温泉駅 →〔小田急小田原線 快速急行58分 610円〕→ 新宿駅

小田急線は平日の早朝は多くの通勤客や通学客で混雑する。そのため1本見送って次の電車に乗ったほうが座れる可能性は高い。また、休日になると丹沢や箱根方面へ向かう観光客やハイカーでにぎわう。鶴巻温泉駅に停車する快速急行、急行は10分に1本。

マイカー　ヤビツ峠と大山山頂をピストンするだけならヤビツ峠に24台駐車可能。無料。

コースガイド 標高760mのヤビツ峠がスタート地点

　大山に登る場合、大山ケーブルを利用する人が圧倒的に多いが、ケーブルは山頂まで行かない。ケーブルの後は表参道か雷ノ峰尾根を登るしかない。さすがに修験の山でもある大山の登山道は初心者にはちょっと辛いかもしれない。

　そこでおすすめしたいのがヤビツ峠からの道。表参道の辛い歩きはカットすることができ、初めて大山に登る人にもおすすめのコースだ。その場合は山頂から見晴台を経由して阿夫利神社駅からケーブルを使えばさらに体にかかる負担は軽減されるが、ここでは山頂から尾根道を下り鶴巻温泉駅に下山する。

　ヤビツ峠❶にはトイレと駐車場、ヤビツ峠売店とヤビツ峠レストハウス丹沢MONがある。また、自転車で訪れる人たちにも人気が高いため、休日には混雑する。

　ここから大山と書かれた道標に従い階段を登りイタツミ尾根に入る。小さな広場の先で石が敷き詰められた道から土の道に変わり、さらに階段登りから木道を歩くようになると後方に塔ノ岳へ向かう表尾根が見えてくる。表参道との合流点の**25丁目❷**は目の前だ。ここで左へ。岩場のような道を200mほど登り鳥居をくぐれば**大山❸**の山頂に着く。

　大山は古くから霊山として栄えた山。山頂の広場には阿夫利神社の本社が建ち、清涼飲料水や水などが販売される茶店がある。また、モミやブナ、スギなどの大木に出合える山で

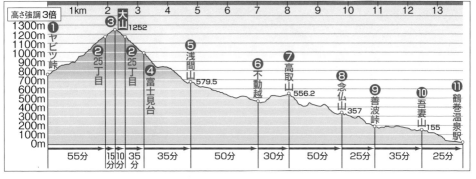

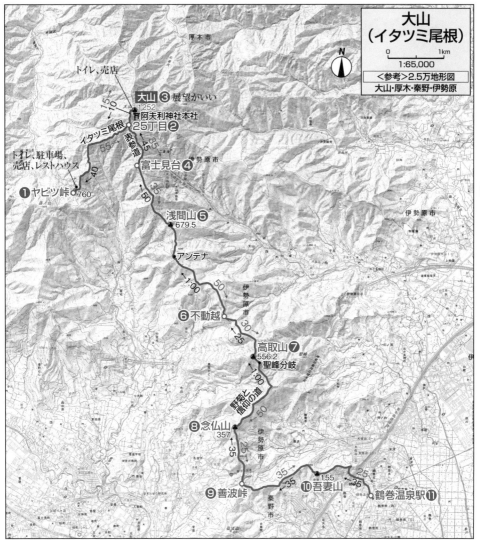

①早朝の大山山頂から相模湾を眺める。空気が乾燥した晴天日なら相模湾が一望できる。②ヤビツ峠バス停。冬季でも通行止めでない限りヤビツ峠までのバス便は確保されている。③気持ちのいいイタツミ尾根。意外に解放感に包まれた道だ。④大山山頂の雨降木。この木に「常に露がついていた」ことから、大山は「雨降山」という別名を持っている。⑤表参道。岩が絡む箇所もあるが、基本的には土の部分が多い

もある。本社近くに立つ「雨降木（あめふりのき）」と呼ばれるブナの大木は登山者によく知られている。山頂からの展望は申し分なく、相模湾方面や横浜の展望がいい。本社に参ったら気にいった場所でゆっくりしよう。

下山は人気のある表参道を選択

　大山山頂からイタツミ尾根と表参道の合流点の25丁目まで戻る。ここを右に行けばヤビツ峠に戻ることができるが、紹介コースはこの分岐を左へ表参道を下る。この明るく開けた表参道は大山詣でのメイン通り。湿度の低い晴天日なら右手には富士山が見え、まるで見守ってくれているような気持ちになる。しかし、左右の山肌が削れてできたような岩屑の多い道には足場の悪い箇所もある。そのため2歩先、3歩先を見定めながら歩くことに集中しよう。休日だと登ってくる登山者が多いので、狭い箇所ではすれ違いに要注意。24丁目の石柱を過ぎると、木製の階段を下る。

　その後は土の道を下ることになるが、濡れていると滑るので注意しよう。岩が転がる道では特に注意を。わざと岩の上に乗らないこと。なるべく体が上下しないようにできるだけフラットな面に足を置くようにしたい。

　前方右側に登山者が足を止めている場所が見えてくる。ここは富士山の展望に優れた場所で**富士見台④**といわれる。その展望のよさから江戸時代には茶店があったらしい。天気がいい日には富士見台の説明看板の後方に、その優雅で大きな姿を拝むことができる。

　さらに下ると16丁目の分岐に着く。小さな台地状の所でベンチが設置され、登る人と下る人が交差している。ひと息入れよう。ほとんどの登山者はここから阿夫利神社下社まで行き、大山ケーブルを利用して下山している。

　16丁目で表参道とはお別れ。石柱の裏手からそのまま尾根道を下るが、ここから歩く人は少なくなり、のんびり歩ける。滑りやすい箇所に短いロープが張られている。慎重に下ろう。ここを過ぎると西の峠に着く。

⑥江戸時代には茶店があったといわれる富士見台。当時の人にとっては一生に一回の大山詣。当時と変わらない富士山の姿なのだろうか？ ⑦阿夫利神社下社、大山ケーブルカー方面に向かう分岐の西の峠。小広い場所だ。⑧歩いていて気持ちがいい念仏山手前の尾根道。⑨相模湾や江の島が展望できる念仏山山頂。⑩日本武尊（やまとたけるのみこと）の伝説が残る吾妻山。山頂からは三浦半島や江の島、湘南海岸が遠望できる

歩く人の少ない尾根道を
善波峠まで下る

　西の峠から蓑毛越（みのげごえ）の道標に従って進む。樹林帯に延びる柔らかな土の道だ。女人禁制の碑を過ぎてしばらく進むと、蓑毛越。ここで汗を拭く。水分補給も忘れないように。**浅間山⑤**を過ぎると大きな鉄塔が見えてくる。そのまま直進すると林道に入り、ＮＴＴの中継所の脇を歩く。さらに林道を進むとパラボラアンテナに出合う。しばらく進むと弘法山の道標があり、林道から登山道に入る。**不動越⑥**を過ぎてしばらく進むと伊勢原市街が一望

できる**高取山⑦**だ。わずかに下ると聖峰に下る分岐があるが、ここは直進。道なりに進めば**念仏山⑧**の山頂。相模湾や江ノ島を展望することができる。山頂から雑木林を下れば**善波峠⑨**（ぜんば）。ここを左に下れば**吾妻山⑩**を経由して**鶴巻温泉駅⑪**に到着する。駅手前に日帰り入浴施設の弘法の里湯がある。

💧 **水場**　大山阿夫利神社境内に大山名水神泉という湧水があるが、途中の乗り換え駅や伊勢原駅前のコンビニなどで事前に用意していこう。

🚻 **トイレ**　コース上ではヤビツ峠、大山山頂、鶴巻温泉駅にある。

●問合せ先
伊勢原市商工観光課 ☎0463-94-4729
神奈川中央交通バス伊勢原営業所 ☎0463-95-2366
大山ケーブル ☎0463-95-2040

ヤビツ峠売店

飲料水の自動販売機を備えた売店。店内ではスナック類やお土産、丹沢ホームオリジナルの本などが売られている。土・日・祝日のみの営業。8時～17時。

ヤビツ峠レストハウス丹沢MON

カレーライスや豚汁、コーヒーなどが味わえるレストハウス。手袋や帽子なども購入できる。平日9時～16時、休日8時30分～16時30分の営業。水、木曜定休（祝日の場合は翌日）。

丹沢　大山（イタツミ尾根）

12 | 弘法大師と日本武尊ゆかりの低山を縦走する 〈初 級〉

標高	235m
歩行時間	2時間50分
最大標高差	200m
体力度	★☆☆
技術度	★☆☆

こうぼうやま
弘法山

1/2.5万 地形図　秦野、伊勢原

登山適期とコースの魅力

	1月	2月	3月	4月	5月	6月	7月	8月	9月	10月	11月	12月
				桜類		アジサイ					紅葉	
					シャガ					コマユミの実		
							ヤマユリ					

展望 弘法山は樹木に覆われているが展望台のある権現山からは大山や箱根方面が見える。
味 コース上にグルメスポットはないが、秦野駅周辺にはたくさんの食事処がある。
紅葉 弘法山から権現山にかけて春のサクラとともに人気なのが紅葉。11月下旬～12月上旬。

春 新緑やサクラで吾妻山～弘法山～権現山が埋め尽くされる。
夏 抜けるような青空の下、いっせいにヤマユリが登山ルートを埋める。
秋 新緑に次いで紅葉の名所としてもおすすめ。
冬 木漏れ日を求めて訪れる人が多い。

秦野駅側の登山口にある大きな道標

アクセス

新宿駅 →〔小田急小田原線 快速急行 58分 610円〕→ 鶴巻温泉駅 ‑‑‑‑〔 2時間50分〕‑‑‑‑ 秦野駅 →〔小田急小田原線 快速急行 1時間7分 700円〕→ 新宿駅

小田急線は平日の早朝は多くの通勤客や通学客で混雑する。そのため1本見送って次の電車に乗ったほうが座れる可能

性は高い。また休日になると丹沢や箱根方面へ向かう観光客やハイカーでにぎわう。新宿駅からは10分に1本程度。

マイカー 縦走コースなのでマイカーで出かけるなら秦野市街に車を駐めて、紹介コースを逆に歩いてみよう。

コースガイド  まずは日本武尊伝説の残る 吾妻山を目指す

　休日の朝の新宿駅は、心なしか華やいで見える。小田急線の電車に乗れば、さらにテンションが上がるはず。軽登山靴を履いたハイカーや大きな荷物を抱えた登山客の姿が目につくからだろう。そうした同好の人たちを乗せて電車は進む。1時間ほどでまとまった数のハイカーが下車する伊勢原駅に着き、ほどなく**鶴巻温泉駅❶**に到着する。

　駅を北口に出て、ここからすぐに歩き始める。住宅街を進むと、日帰り温泉施設として人気の弘法の里湯が左側にある。歩き始めて間もないので、ここは通り過ぎる。さらに右側にはあらかじめ定休日を設けて業績をV字

権現山山頂の展望台から大山を眺める

①弘法山山頂の鐘楼。毎日休まず正午と15時、夕刻に鐘が撞かれる。②登山口。③吾妻山山頂の休憩舎

回復させたことで知られる旅館陣屋がある。

　これらを目印にしながら民家の間を抜け、東名高速道路をトンネルでくぐる。それを抜けた所に弘法山の標柱が立っている。それに従って民家の脇を登ると石柱が現れる。ここからは山道になり、石柱を回り込むようにして左へ進む。のどかな畑の脇を歩いていくような感じだ。

　左右に畑が広がる田園地帯から、やがて日当たりの悪い樹木の茂った道になる。しかし、東名道を行き交う車のエンジン音ははっきり聞こえる。視覚と聴覚の情報のアンバランスさがおもしろい。里山歩きの特徴でもある。木々の間を気持ちよく進むと、**吾妻山❷**に到着する。

　コース最初のピーク、吾妻山の山頂には小さな東屋が建っている。サクラの木に囲まれて展望はきかないが、日当たりはよすぎるくらいだ。ここは日本武尊が東征の折に立ち寄ったところといわれてもいる。サクラの季節は言わずもがなだが、そんな伝説を思いながら休憩するのもいいだろう。

　ひと息ついた後、体が冷えないうちに出発しよう。吾妻山からゆるやかに下っていく。やがて道は平坦になり、まっすぐに延びる尾根道を進むようになる。直線的な道は日当たりに恵まれ、気持ちよく歩ける。鉄塔下を抜

けて、さらに進むと**善波峠分岐❸**に着く。ここを右にとると、念仏山を経て大山へと通じる登山道になる。今日は反対に左へ。階段を登りきった辺りは大山方面の眺めがよく、立ち休みをしながら楽しむといい。最後に急坂をひと登りすれば、**弘法山❹**に到着する。

混雑を覚悟したい サクラの季節

　この山はその名からもわかるように、弘法大師ゆかりの山として知られている。ここで修行をしたらしいと伝わっている所だ。釈迦堂や鐘楼があるほか、現在は涸れてしまっているが大師ゆかりの井戸などもある。花見の名所としても親しまれ、シーズンには大勢の花見客で混雑する。

　このコースのハイライトの山頂で、昼食や

丹沢

弘法山

水場　弘法山から浅間山にかけて水道設備があるが、飲料水は鶴巻温泉駅前のコンビニを利用するといい。

トイレ　コース上では弘法山先、権現山、浅間山手前にある。

●問合せ先
秦野市役所観光振興課 ☎0463-82-9648
小田急電鉄お客様センター ☎044-299-8200
小田急電鉄秦野駅 ☎0463-81-1661

昼寝を存分に楽しんだら、登ってきた道の反対側に延びる階段を下る。階段が終わると広く平坦な道を進む。この道は、かつて近隣の人たちが草競馬を楽しんだ所といわれていて、現在でも馬場道と称されている。ここも花見の名所のひとつなので、サクラのシーズンには自分のペースで歩くことは難しいことを覚悟したい。

バードウォッチングも
気軽に楽しみたい

この道の先に登場する階段を登った所が、展望台のある**権現山⑤**だ。ここの山頂は広いので、レジャーシートを広げるのにはもってこいの場所だ。この展望台からは大山方面はもとより、箱根方面も展望できる。また、バードウォッチングの愛好家が集う山でもあって、観察舎も備えられている。双眼鏡や望遠レンズを用意して訪れるのも楽しい。

ここから東屋の脇から下りる木の階段を下っていく。この道はすぐに車道と交差する。それを横切って遊歩道を登っていくと、コース最後のピークとなる**浅間山⑥**に着く。ここにはベンチが設けられているので、最後の休憩をしよう。

雑木林をジグザグに下れば、ほどなく**弘法山登山口⑦**に到着する。ここから先は雨の日でも歩きやすい舗装路を歩くことになる。**秦野駅⑧**までは20分ほどの道のりだが、知らず知らずのうちにスピードが出がちになる。

④歩きやすい登山道が続く。木漏れ日を浴びてのんびり歩きたい。野鳥のにぎやかな声が聞こえてくる。⑤広い登山道。訪れる人の多い山だが、すれ違いに苦労することはない。⑥弘法山山頂に咲くサクラ。この季節と紅葉期が最もおすすめ。⑦権現山山頂の展望台。⑧紅葉に染まる弘法山山頂。サクラの季節とともにおすすめの登山季節

立ち寄り ♨ 弘法の里湯

ハイカーに人気の日帰り温泉施設

鶴巻温泉駅から弘法山へ歩き始めてすぐの所にある日帰り温泉施設。この温泉が目当てなら紹介コースを逆に歩くといい。難度は変わらない。泉質は弱アルカリ性で筋肉痛や神経痛、切り傷などに効能がある。食事処も併設。●入浴料：平日　大人（高校生以上）2時間800円、小・中学生400円。休日は大人1,000円、小・中学生500円になる。営業時間：10時〜21時。月曜休館（休日の場合は翌平日）。

弘法山

0　　　　500m
1:30,000
＜参考＞2.5万地形図
秦野・伊勢原

⑦登山口

秦野駅⑧

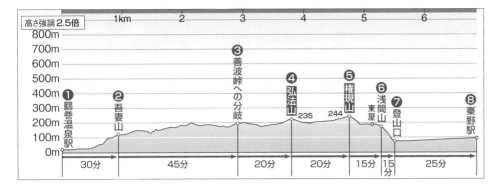

高さ強調2.5倍

	1km	2	3	4	5	6

800m
700m
600m
500m
400m
300m
200m
100m
0m

❶鶴巻温泉駅
❷吾妻山
❸善波峠への分岐
❹弘法山 235
❺権現山 244
❻浅間山 東屋
❼登山口
❽秦野駅

30分　45分　20分　20分　15分　15分　25分

足には意外に疲労がたまっているはず。交通量も多いので、車に十分注意しよう。グループの場合は、必ず縦一列で歩くように。

　このコースは約3時間で四つのピークを越える立派な縦走路。山歩き入門には格好だ。

❽

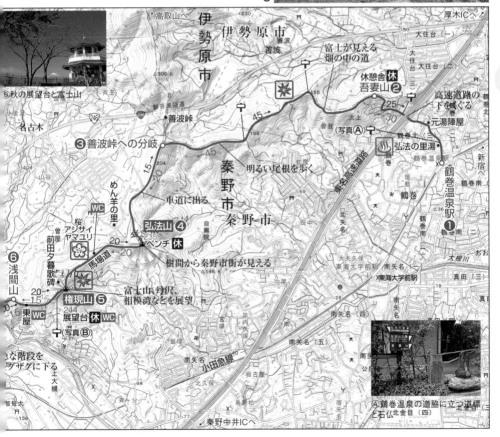

Ⓐ秋の展望台と富士山

③善波峠への分岐

めん羊の里

弘法山 ④

車道に出る

明るい尾根を歩く

樹間から秦野市街が見える

馬場道

前田夕暮歌碑

桜　アジサイ　ヤマユリ　曽屋

権現山 ⑤

展望台 休 WC

富士山、丹沢、相模湾などを展望

Ⓒ写真Ⓑ

浅間山

東屋 WC

富士が見える畑の中の道

休憩舎 休

吾妻山 ②

高速道路の下をくぐる

元湯陣屋

弘法の里湯

鶴巻温泉駅 ①

Ⓐ鶴巻温泉の道脇に立つ道標と石仏北金目（四）

55

13 | 牧歌的雰囲気が広がる丘陵地帯を歩く 〔初 級〕

しぶさわきゅうりょう

渋沢丘陵

標高	220m(渋沢丘陵)
歩行時間	3時間
最大標高差	190m
体力度	★☆☆
技術度	★☆☆

1/2.5万 地形図	秦野

登山適期と コースの魅力

	1月	2月	3月	4月	5月	6月	7月	8月	9月	10月	11月	12月
梅												
桜												
菜の花												
オキナグサ												
アジサイ												
紅葉												

展望　丹沢山塊を南から眺めながら歩くことができる。牧歌的な広がりも魅力のひとつ。

花　震生湖の斜面に絶滅危惧種のオキナグサを観察することができる。開花期は3月中旬〜4月中旬頃。コース上では7月のアジサイや紅葉に染まる丹沢山塊の姿も人気。

春　菜の花畑が広がる渋沢丘陵と丹沢山塊とのコントラストがきれいだ。4月の桜も美しい。

夏　盛夏は蒸し暑さを感じる箇所が多いが、多少風のある日は気持ちがいい。

秋　震生湖の紅葉は見事。

冬　晴天なら陽だまりハイクが楽しめる。

秦野市で観察できる野鳥の看板

アクセス

新宿駅 ── 小田急小田原線 快速急行1時間7分 700円 ── 秦野駅 ---- 3時間 ---- 渋沢駅 ── 小田急小田原線 快速急行1時間12分 700円 ── 新宿駅

秦野駅には特急ロマンスカーのふじさんが停車する。また、はこね、さがみ、ホームウエイの一部も停車する。帰路に

乗車する渋沢駅に特急は停車しないので、快速急行を利用する。

〔マイカー〕秦野駅周辺のコイン

パーキングを利用して、下山後に渋沢駅から秦野駅まで1駅小田急線で戻る。秦野駅周辺には飲食店も多い。

コースガイド ハイライトは 多目的に応えてくれる湖

秦野駅①南口からスタートする。駅前の通りを進み、突き当たりを左へ曲がる。最初の信号で右に入ると今泉名水桜公園の看板があるので、それに従う。池を中心に庭園風に整備された静かな公園だ。

ここを抜けた所に震生湖(しんせいこ)への道標が立っている。それに従って住宅街を歩く。右左折を繰り返して進むが、要所に道標があるので、それに従って進めばいい。

南小学校②前の信号を過ぎてしばらく歩くと白笹稲荷神社が見えてくる。赤く大きな鳥居が目印だ。

ここは関東三大稲荷に数えられる由緒ある

今泉名水桜公園。市民の憩いの場として利用されている

関東エリアの太公望がこぞって通う緑濃い震生湖

神社で、さまざまな行事が行われている。拝殿天井絵の竜神、風水四神、宝尽くしの図は神々しいばかりだ。時間があれば、ぜひ立ち寄ってみたい。

神社を出て先に進み、車道を渡る。コース屈指の登り勾配の道を進むと大きく右に曲がり、畑が広がるエリアに入る。しばらく進むと展望が開けてくる。とくに丹沢山塊の前衛峰のひとつ、大山の姿が印象に残る。

①震生湖に向かう途中から眺める丹沢山塊。②関東三大稲荷のひとつに数えられる白笹稲荷神社。③震生湖に向かう開放的な道

丹沢

渋沢丘陵

　のんびりとした景色に癒されながら、さらに先に進む。迷子にならないように、要所に震生湖への道標が立てられているので、安心して歩ける。

　震生湖入口の看板で左に入る。ここからわずかに下れば**震生湖❸**に着く。この湖はコース散策のハイライト。素通りするのはあまりにももったいない。ここだけを目的に訪れる人も多いスポットだけに、駐車場を抜けてぜひ湖畔に行ってみよう。売店や貸しボートのある湖畔には寺田寅彦の句碑も建ち、だれをも素通りするなどとんでもないという気分にさせてくれる。

　寅彦は明治から昭和初期にかけて活躍した物理学者で、随筆家や俳人としても知られている。その名を広く世の中に知らしめたのは、「天災は忘れた頃にやってくる」という金言で、彼が発した言葉とされている。1世紀以上を経た現在でも、大きな災害が起きるたびに思い起こされる警句としての価値は色あせることはない。

　この湖、人工湖ではなく関東大震災の際に渋沢丘陵の一部が崩落してできた自然湖だ。景色を一変させてしまう自然の威力には心の底から驚かされるが、そのおかげで今では多くの人がこの湖を目指して訪れる。野鳥観察の好スポットのため、野鳥ファンが目につく

ほか、何といってもヘラブナ釣りを目的に釣り糸を垂れる釣り人が目立つ。その姿の多さに目を見張らされ、いまさらながら自然の厳しさがもたらしてくれる恵みを実感できる。また、湖畔を一周できる遊歩道も整備されているので散策目的の人々の姿も加わって、とくに休日になるとさまざまな目的の人々でにぎやかさが増す。次に訪れるときには、必要な道具を持参すれば、より充実した休日を過ごせるはずだ。

　このコースを歩けた平和な日常に感謝し、これをきっかけにふだんは忘却のかなたに追いやっている災害への意識を改めて取り戻し、寅彦が強く伝えたかったであろう備えを確認、心構えを再点検したい。そのことを湖畔の句碑が教えてくれる。

震生湖

　1923年（大正12年）9月1日の関東大震災で付近が陥没して誕生した湖。湖の東側には、その時に崩壊した跡が残っている。水深は平均4m。最も深い所が10mといわれる。新緑や紅葉期には東京方面からも多くの人が訪れている。

近隣だけではなく、東京方面からも多くの人が自然散策に訪れる

4 5
7 8

④福寿弁財天。日本三大弁財天の総本山で奈良の天河弁財天の分霊を頂く神社。⑤田畑が広がる里山的な雰囲気を持つ場所でもあり、日頃の喧騒から逃れて精神を癒してくれるコースでもある。⑥コース上には牛舎もあり、静かに草を食む牛の姿を見かけることもできる。余談だが、この牛に会うために訪れる人もいるようだ。⑦畑脇の道も遊歩道扱いされている。畑で作業する人たちも気軽に挨拶してくれる。⑧終点の渋沢駅

広がる畑や牛の姿に
ゆったり流れる時の豊かさを思う

　歩いてきた道に戻って左へ進む。震生湖バス停のすぐ先に右に入る小道がある。角に渋沢丘陵1kmの道標が立っている。これを目印に、この小道に入る。のどかな田園地帯に延びる道だ。正面に配水池が見えてきたら、その手前に牛舎がある。忙しい日常とはかけ離れた、のんびりと草を食むかわいらしい牛の姿に心が癒されるのは間違いない。

　ゆったりとした時間が流れている道をさらに進む。鉄塔下を過ぎると、未舗装の農道のような道に変わる。この辺りが渋沢丘陵の中心地らしい。前後左右に畑が広がり、どこか懐かしささえ感じられる風景が、そこにある。

> 💧 **水場**　コース上に水場はないが、飲料水の自販機は多い。秦野駅近辺で購入して出発しよう。
>
> 🚻 **トイレ**　秦野駅、渋沢駅以外だと震生湖にしかない。買い物ついでにコンビニ利用もある。

●問合せ先
秦野市役所観光振興課　☎0463-82-9648
小田急電鉄秦野駅　☎0463-81-1661
中井町役場　☎0465-81-1111

　畑と畑を区切るようにきれいな雑木林が育ってもいて心が癒される。

　里山気分を楽しみながら、心地いい風に身をゆだねて、豊かな気分に満たされて歩く。**渋沢丘陵チェックポイント④**を過ぎた後、**小原分岐⑤、栃窪分岐⑥、頭高山分岐⑦**をそれぞれの道標に従って渋沢駅を目指して歩いていく。

　スギの植林

**渋沢丘陵と
震生湖**

0　　　500m

1:25,000

＜参考＞2.5万地形図
秦野

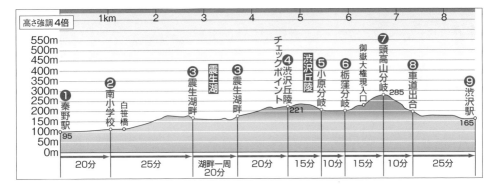

の間の細い道を下っていくと、いつしか道は舗装路に変わっている。

　コースの最後は、翌日から始まる日常に復帰するためのリハビリテーションといってもいい区間。右に栃窪会館という集会所が見えたら、それを目印に右に曲がる。道なりに進

んで川を渡り、目の前の階段を登る。

　そこが**車道出合❽**で、バスも通る道。ここを右に折れ、その先で左に曲がる。道なりに進み、渋沢交番の前を左に入れば、すぐに丹沢エリアの西の重要な拠点の一つでもある**渋沢駅❾**に着く。

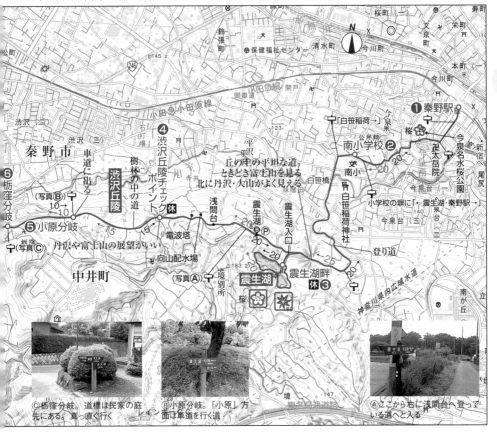

Ⓒ栃窪分岐。道標は民家の庭先にある。真っ直ぐ行く

Ⓑ小原分岐。「小原」方面は車道を行く道

Ⓐここから右に浅間台へ登っている道へと入る

14 塔ノ岳への定番コース大倉尾根を往復する 〔初・中級〕

おおくら～とうのだけ

大倉～塔ノ岳

標高	1491m
歩行時間	6時間5分
最大標高差	1200m
体力度	★★☆
技術度	★☆☆

1/2.5万地形図	大山、秦野

登山適期とコースの魅力

	1月	2月	3月	4月	5月	6月	7月	8月	9月	10月	11月	12月
積雪	■	■	■									
イワカガミ					■							
トウゴクミツバツツジ					■	■						
バイケイソウ					■							
ヤマユリ、ホタルブクロ							■	■				
紅葉										■	■	

展望 晴天なら山頂から富士山が眺められる。途中の花立から展望する相模湾も迫力がある。

花 4～5月の新緑が美しい。また、6月になるとトウゴクミツバツツジも観賞できる。

小屋 大倉尾根には小屋が7軒ほどあるが、通年営業しているのは山頂の尊仏山荘のみ。

🌸 積雪の心配がいらないのは4月になってから。中旬になると全山が新緑に染まる。

☀ 盛夏は登山向きではないが登山者は多い。

🍂 台風シーズンが過ぎた頃からが秋山登山向き。紅葉は10月中旬頃からがいい。

❄ 必ずアイゼンを持参すること。

連日多くの登山者が訪れる大倉の登山口

アクセス

新宿駅 → 小田急小田原線 快速急行 1時間12分 700円 → 渋沢駅 → 神奈川中央交通バス 15分 210円 → 大倉バス停 — 6時間5分 — 大倉バス停 → 神奈川中央交通バス 15分 210円 → 渋沢駅 → 小田急小田原線 快速急行 1時間12分 700円 → 新宿駅

山行に必要なものは事前に用意しておく必要はあるが、渋沢駅前にはコンビニがある。大倉までのバス便については

神奈川中央交通バスのホームページで確認しておくこと。渋沢駅から大倉までタクシー運賃は1400円ほど。

〔マイカー〕大倉からピストンなので、マイカー派にもおすすめ。大倉バス停前のほかコインパーキングもある。

コースガイド あまりうれしくはない通称のバカ尾根

登山口の**大倉バス停❶**は、塔ノ岳への玄関であると同時に鍋割山のそれでもある。したがって、休日の朝のバスは混雑が激しい。

鍋割山に向かう人たちを横目に、まっすぐ延びる登山道に入っていく。民家や民宿などが建ち並ぶエリアを抜けると、いよいよ登山が始まる。簡易舗装の道を進み、陶芸の大きな窯の脇を抜ける。この辺りから山道になるが、まだ体が慣れていないので、焦らずにゆっくり歩くこ

塔ノ岳山頂。正面が尊仏山荘

とを心がけよう。観音茶屋を通過すると分岐点に出る。どちらの道を選択してもいいが、右に登ると若干時間を短縮できる。スギ並木がきれいな登山道を進むと**雑事場ノ平❷**。正面には見晴茶屋が建っている。

歩行時間は長いが要所に小屋があり、心強い

ここからが大倉尾根の本格的な登り。岩が転がる道をわずかに登り、階段を進む。石が敷き詰められたような道を抜けると、比較的平坦な尾根道になる。階段状の道を登った所には**駒止茶屋❸**がある。一段上のテーブルで小休止をしよう。

歩く人が多いこのコースには休憩に便利な小屋が点在している。シーズンによっては休

業している小屋もあるが、疲れきる前に利用して休憩しながら登ると事故の危険性は格段に減る。

駒止茶屋を過ぎると木道を歩くようになる。緑が美しい道だ。ほぼ平坦に近い道を抜け、ひと登りすると**堀山の家❹**がある。行程は長く、標高差も大きいコースなので、こまめに休憩をするようにしたい。ここでも小屋前のベンチでひと休みしていこう。

堀山の家を過ぎると岩混じりの道を登るようになる。わずかな距離だが、立ち休みを繰り返して登る。戸沢方面に下る**天神尾根分岐❺**を過ぎると岩場に出る。危険はないが、渋滞しやすい。その先の木の階段を登りきると、夏なら氷、冬なら汁粉が名物の花立山荘。その前からは相模湾の輝く水面が見える。

花立山荘のテラスでひと休みしたら、岩混じりの道をわずかに登る。その後、木道を歩き、細い尾根道を登る。左から道が合流した所が**金冷シ❻**。山中では貴重な、はっきりとしたポイントといえる。ここを右に進めば、30分ほどで目指す**塔ノ岳❼**に到着する。

①花立山荘手前の階段。振り向くと相模湾方面が見えていた。②歩き始めて50分ほどで道が分かれる。ここは右へ登る。③明るい大倉尾根。④大倉尾根は木道歩きも多い。⑤堀山の家を過ぎると本格的な登りになる

水場 塔ノ岳山頂から西へ300mほどの所に不動の清水があるが、道が荒れている上に水量が少ないので持参するようにしよう。

トイレ 大倉、観音茶屋、見晴茶屋、花立山荘、尊仏山荘が利用できる。

●問合せ先
秦野市役所観光振興課 ☎0463-82-9648
秦野ビジターセンター ☎0463-87-9300
神奈川中央交通バス秦野営業所 ☎0463-81-1803

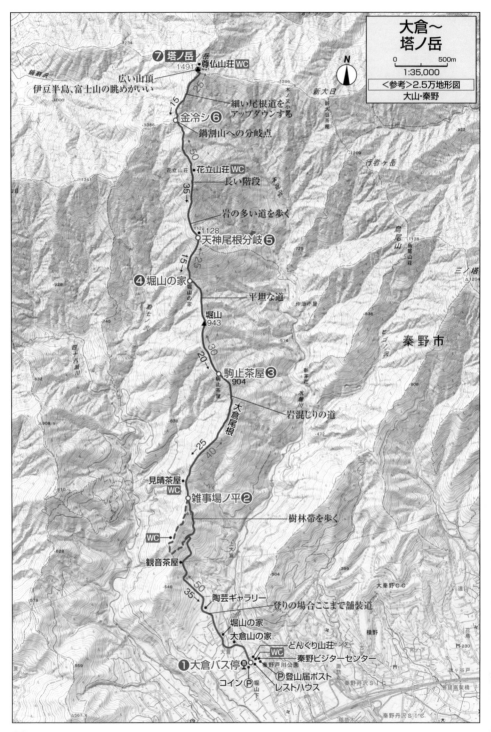

大倉～
塔ノ岳

0　　　　　500m
1:35,000
<参考>2.5万地形図
大山・秦野

N

⑦ 塔ノ岳　岳
1491　尊仏山荘 WC
広い山頂
伊豆半島、富士山の眺めがいい

細い尾根道を
アップダウンする

金冷シ ⑥
鍋割山への分岐点

花立山荘 WC
長い階段

岩の多い道を歩く

1128
天神尾根分岐 ⑤

④ 堀山の家
堀山の家

平坦な道

堀山
943

駒止茶屋 ③
904

岩混じりの道

大倉尾根

見晴茶屋
WC
雑事場ノ平 ②

樹林帯を歩く

WC

観音茶屋

陶芸ギャラリー　登りの場合ここまで舗装道

堀山の家
大倉山の家

どんぐり山荘
秦野ビジターセンター

① 大倉バス停
秦野戸川公園
P 登山届ポスト
コイン P 堀山
レストハウス

WC

秦野市

62

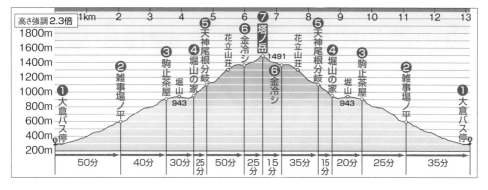

塔ノ岳山頂は広々として、展望も素晴らしい。蛭ヶ岳や西丹沢のほか、富士山、甲斐駒ヶ岳や北岳などの南アルプスが望める。箱根や伊豆半島の山並み、相模湾の奥に浮かぶ伊豆大島までをも眺められる。この大展望を楽しむなら、空気が乾燥した晴天日に限る。梅雨明け直後が第一候補だが、経験者なら、最低でも軽アイゼンは必要になるが、厳冬期もおすすめしたい。

山頂標を中心に多くのベンチも設けられていて、休憩場所には困らない。また、尊仏山荘は丹沢エリアの小屋にあっては珍しく通年営業していて万一のときにも安心できる。ここで提供しているコーヒーは、30分ほど下った不動の清水の水で淹れたもの。どこかひと味違うような気がする逸品で、長い時間をかけて苦労して登ってきた塔ノ岳山頂を踏みしめた記憶を定着させるいい思い出になる。

⑥この岩場を越えると花立山荘に向かう長い階段登りが始まる。⑦花立山荘に向かう長い階段。好天なら登り始めると後方に相模湾が見えてくる。⑧休憩にもいい花立山荘。毎年のように通う常連も多い。⑨花立山荘上部の木道。展望がいい

元気いっぱいの登りより 下りにこそ注意しよう

下山は往路を大倉まで戻る。

登りではほとんど気にもならなかった箇所が意外な難所になることもある。鍋割山への道が分岐する金冷シでは道が細く、すれ違いに注意しよう。さらに、崩壊した場所に造られた小さな橋を渡った先にある階段ではすれ違いは難しく、登ってくる人がないことを確認してから進む。また、花立付近では植生保護のために設けられた木道を決して外れないこと。その他の箇所でも、気づかないうちに足が疲れていて、滑ったり転倒したりすることがあるかもしれない。帰路のバスに乗る大倉に下り立つまでは絶対に気を抜かず、慎重に行動しよう。

尊仏山荘

丹沢山系では最も有名な山小屋。1年365日営業していることも登山者には有難い存在だ。せっかく塔ノ岳に登ったのだから、1階のティールームでコーヒー（400円）を飲みながら休憩しよう。そのほかにおしるこや甘酒などもある。日程が許せば1泊するのもいい。1泊2食付8000円。

塔ノ岳山頂に建つ尊仏山荘。天気の悪い時には喫茶室を利用しよう

63

15 ヤビツ峠からアプローチして大倉尾根を下る 初・中級

標高	1491m
歩行時間	6時間50分
最大標高差	1,200m
体力度	★★☆
技術度	★☆☆

やびつとうげ～とうのだけ

ヤビツ峠～塔ノ岳

1/2.5万地形図　**大山、秦野**

登山適期とコースの魅力

	1月	2月	3月	4月	5月	6月	7月	8月	9月	10月	11月	12月
積雪	━━	━━	━									
					イワカガミ						紅葉	
						トウゴクミツバツツジ						
			バイケイソウ									
							ヤマユリ、ホタルブクロ					

展望　ヤビツ峠の先から始まる表尾根は起伏のある道。三ノ塔辺りから大きな展望が広がる。
花　イワカガミやトウゴクミツバツツジ、シロヤシオなどを観察することができる。
小屋　表尾根には烏尾山荘、新大日小屋、木ノ又小屋、山頂には憧れの尊仏山荘が建っている。

春　新緑は4月の中旬過ぎ。この頃だと晴天なら山頂は温かく、何時間でも滞在したくなる。
夏　梅雨の晴れ間を狙って登ると、ブナの新芽が輝いている。丹沢を訪れる人が最も多い季節。
秋　10月中旬からの紅葉期がおすすめ。
冬　表尾根の凍結に要注意。

烏尾山荘から気持ちのいい表尾根を歩く

アクセス

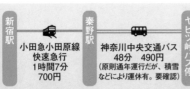

新宿駅 — 小田急小田原線 快速急行 1時間7分 700円 — 秦野駅 — 神奈川中央交通バス 48分 490円（原則通年運行だが、積雪などにより運休有。要確認） — ヤビツ峠バス停 … 6時間50分 … 大倉バス停 — 神奈川中央交通バス 15分 210円 — 渋沢駅 — 小田急小田原線 快速急行 1時間12分 700円 — 新宿駅

早朝の小田急線は通勤、通学客で混雑する。途中駅での乗降も多く、新宿駅では1～2本後の電車のほうが座りやすい。特急ロマンスカー利用なら、事前に指定券を購入。秦野駅からヤビツ峠へのバスは本数が少ない。午前中に発車するのは、平日は8時25分のみ。土休日は7時20分、7時44分、8時24分、9時4分の4本。

コースガイド

どこで休憩するかが悩ましい

ヤビツ峠❶でトイレを済ませたら、バスが登ってきた舗装路をそのまま歩き始める。車も通行するので、できるだけ道路端を歩こう。

道がふたつに分かれる所にトイレがあり、それを過ぎると表尾根の登山口がある。

この登山口から山道になる。最初から急勾配だが、すぐに林道に出る。ここを渡り、再び山道を登る。樹林帯で結構暑い。軽く汗ばんでくるようになると、若干ザレた道に入る。ここで木々は薄くなり、涼しさを感じられるようになる。

さらに高度を上げていくと、後方に古くから信仰を集めてきた、知名度の高い大山が見えようになる。ぬかるんでいることの多い道を抜けると二ノ塔に着く。テーブルが置かれていて、多くの登山者がくつろいでいる。最初の休憩をしたいところだが、前方に見える三ノ塔まで15分ほどなので頑張って進もう。いったん下って階段を登り返せば**三ノ塔❷**。

ここは広く、富士山や丹沢山塊、相模湾などの展望に優れている。宿泊厳禁の休憩用の建物もあるが、風がなければ小屋前の広場の

歩き始めは体がまだ慣れていないので、ゆっくり登ること

三ノ塔を過ぎると正面に表尾根の縦走路が見えてくる

①行者岳からの下りはクサリを頼りにすることになるが、雨の時には岩が滑るのでより慎重に行動しよう。②新大日にかけての道は崩落した箇所があるので慎重に。③三ノ塔から高度感のある道を一気に下って登り返す。④塔ノ岳山頂。展望盤がある。⑤気持ちのいい大倉尾根を下る

ほうをおすすめしたい。

　三ノ塔から右下に見える烏尾山に向かう。階段状の道を下った後は、ガレ、ザレ気味の急坂をジグザグに下る。滑りやすい箇所にはクサリが取りつけられていて安心だ。三点確保の姿勢で進めば、クサリに頼らなくてもクリアできる。

　鞍部まで下りたら、一気に登り返す。着いた所に烏尾山荘が建っている。**烏尾山❸**だ。振り返るとはるか上方に三ノ塔が見える。かなり進んできたようにも思うが、まだまだ先は長い。

　ここからが気持ちのいい、表尾根コースのハイライトともいうべき尾根歩きになる。明るく変化に富むコースだ。左に遠く相模湾方面を眺めながら歩く。20分ほどするとクサリ場が現れる。これを登るが、クサリを頼らなくても大丈夫なので焦ることはない。着いた所が**行者岳❹**。ここは名前がついているのが不思議なほどの空間だ。岩の上の小さなピークといった感じで休憩するスペースはないので、登ってきたのとは反対側にあるクサリ

を使って下りにかかる。2段に分かれたこのクサリは表尾根の難所といってもいい。ここを下り、崩壊地を登る。足場が悪いのでゆっくりと行動するように。

ブナの林が美しい
山頂へのアプローチ

　新大日まで登ったら、ベンチでひと休みしよう。ここからは緑の濃い尾根道を進む。ゆるい勾配の道が続く。コースを彩るブナの林は、木ノ又小屋を過ぎてから楽しめるようになる。ただし、道幅は狭くなるので、すれ違いには注意したい。

　山歩きにはありがたくないが、薄く霧がかかっていたりすると雰囲気は満点。こうしたときでも、ここまで登ってきてさえいれば登山道はしっかりしているので、それを忠実にたどれば**塔ノ岳❺**の山頂に立つことができるはず。

　広々とした山頂には多くのベンチがあり、展望のよさも申し分ない。コースの途中で越えてきたいくつものピークでの休憩は最小限にして、山頂で過ごす時間を少しでも長くしたいところだ。

💧 **水場**　ヤビツ峠から表尾根登山口に向かう途中に護摩屋敷水の水がある。

🚻 **トイレ**　ヤビツ峠の駐車場端にある。また、護摩屋敷の水近くと三ノ塔、烏尾山、塔ノ岳山頂、花立山荘、見晴茶屋、大倉にある。

●問合せ先
秦野市役所観光振興課 ☎0463-82-9648
秦野ビジターセンター ☎0463-87-9300
神奈川中央交通バス秦野営業所 ☎0463-81-1803

丹沢

ヤビツ峠～塔ノ岳

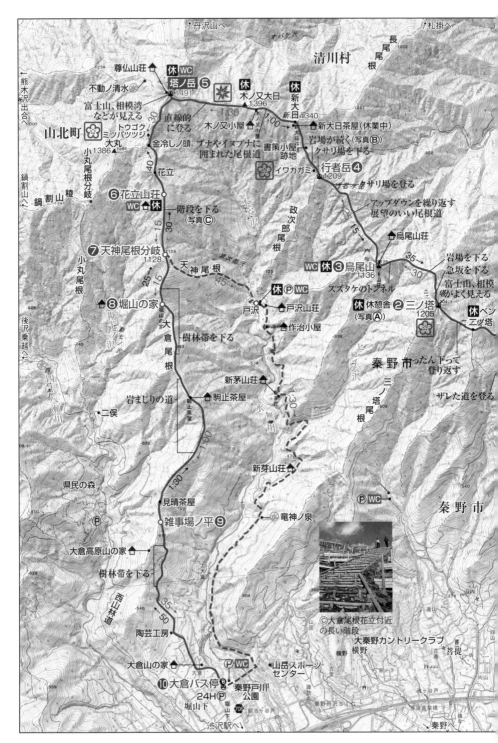

↑丹沢山へ　　　　　　　　　　　　　　　↑札掛へ

オバケ沢

清川村

長尾尾根　　　1202

尊仏山荘
休 WC
塔ノ岳 ⑤
1491

不動ノ清水

富士山、相模湾
などが見える

直線的
に登る

木ノ又大日
1396

休
木ノ又小屋

休
新大日
1340

新大日茶屋（休業中）

山北町

トウゴク
ミツバツツジ
大丸

金冷シノ頭

ブナやイヌブナに
囲まれた尾根道

書策小屋
跡地

岩場が続く（写真B）
クサリ場を下る

政次郎尾根

行者岳 ④
1209

岩場が続く（写真B）
クサリ場を下る

小丸尾根分岐

小丸1386▲

鍋
割
山
稜

花立

イワカガミ

行者ヶ岳クサリ場を登る

アップダウンを繰り返す
展望のいい尾根道

⑥花立山荘
WC 休

階段を下る
（写真C）

烏尾山荘

岩場を下る
急坂を下る

鍋割山へ→

⑦天神尾根分岐
1128

天
神
尾
根

戸沢
1128

休 P WC

③烏尾山
1136

35→

30

富士山、相模
嶺がよく見える

小丸尾根

⑧堀山の家

戸沢山荘

スズタケのトンネル

休 休憩舎
（写真A）

②三ノ塔
1205

休 ベン
二ツ塔

いったん下って
登り返す

後沢乗越へ→

大倉尾根

樹林帯を下る

作治小屋

秦野市

三
ノ
塔
尾
根

ザレた道を登る

岩まじりの道

新茅山荘

駒止茶屋

二俣

水
無
川

県民の森

新芽山荘

P WC

秦野市

見晴茶屋

雑事場ノ平 ⑨

竜神ノ泉

大倉高原山の家

樹林帯を下る

西
山
林
道

C大倉尾根花立付近
の長い階段

大秦野カントリークラブ
横野

陶芸工房

大倉山の家

⑩大倉バス停
24H P

秦野戸川
公園

山岳スポーツ
センター

堀山下

↓渋沢駅へ

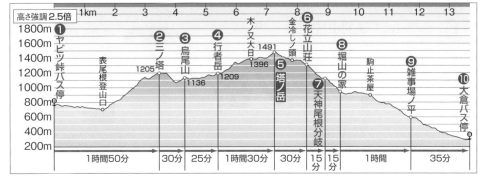

Ⓐ三ノ塔に建つ休憩舎

護摩屋敷の水
青山荘

舗装された
車道を歩く

菩提峠 P

表尾根登山口 WC

❶ヤビツ峠バス停
岳ノ台 P WC売店
(不定休)
ヤビツ峠レストハウス

Ⓑ表尾根には岩場が多い

三角山
600 P WC

N

塔ノ岳
500m
1:35,000
<参考>2.5万地形図
大山・秦野

登山開始時には晴れ、ブナ林では霧がかかり、山頂では再び見通しがきく晴れを望みたいが、ムシがよすぎるだろうか。

ここから先、
計画通りの行動を

この先、大倉に下るまではP40の7大倉〜塔ノ岳を参照してほしい。

なお、塔ノ岳からは丹沢山を経由して丹沢の主脈を縦走したり、鍋割山へ立ち寄ったり、さまざまなルートが考えられる。ただし確実に事前の準備が必要だ。急な予定の変更は、情報の収集をはじめさまざまなことに影響が広がる危険な行為といえる。

事故を未然に防ぐためには、慎重な行動が不可欠。期待通りの展望が得られなくても、歩き足りないと思っても、突然の計画変更は慎むこと。ただし、途中で悪天候に見舞われて山頂の尊仏山荘をはじめ、途中にある山小屋に宿泊する場合は、この限りではない。

護摩屋敷の水

昔、修行に訪れた僧たちがここの水で身を清めたことから、この名がついたらしい。護摩屋敷とは、山伏が木などを炊いて修行する場所のことをいう。東京方面

水量が豊富で首都圏からポリタンク持参で訪れる人も多い

からわざわざ汲みにくる人も多いようだ。いつ訪れてもコンコンと湧いている。

丹沢

ヤビツ峠〜塔ノ岳

67

標高	**1491m**
歩行時間	**7時間30分**
最大標高差	**1201m**
体力度	★★☆
技術度	★★☆

16 鍋割山から鍋割山稜を歩いて塔ノ岳へ　中級

なべわりやま～とうのだけ

鍋割山～塔ノ岳

1/2.5万 地形図	**秦野、大山**

登山適期とコースの魅力

	1月	2月	3月	4月	5月	6月	7月	8月	9月	10月	11月	12月
積雪	███				イワカガミ						紅葉	
				トウゴクミツバツツジ								
			バイケイソウ					ヤマユリ、ホタルブクロ				

展望　好天なら鍋割山、塔ノ岳どちらの山頂からも富士山を拝むことができる。

味　鍋割山山頂に建つ鍋割山荘の鍋焼きうどんが有名。これを目当ての登山者も多い。

新緑　鍋割山稜の緑は言葉では表現できないくらい美しい。トウゴクミツバツツジも見事。

春　鍋割・塔ノ岳山塊が最も美しく生命の息吹を感じられる季節。

夏　盛夏は蒸し暑く体力を消耗する。しかし、梅雨前や梅雨明け直後はさわやか。

秋　紅葉は10月中旬から11月中旬頃まで。

冬　雪がなければおすすめしたい季節。

登山途中に建つ水源の森づくり説明看板

アクセス

新宿駅 → 小田急線快速急行 1時間12分 700円 → 渋沢駅 → 神奈川中央交通バス 15分 210円 → 大倉バス停 …… 7時間30分 …… 大倉バス停 → 神奈川中央交通バス 15分 210円 → 渋沢駅 → 小田急線快速急行 1時間12分 700円 → 新宿駅

休日の渋沢駅前は多くの登山者で混雑する。そのため朝できるだけ早い時間に渋沢駅に到着していたい。新宿駅から

小田急線特急ロマンスカーを利用するなら、伊勢原か秦野で快速急行か急行に乗り換える。渋沢駅から大倉に向かう

バスの始発は土・日・平日ともに6時48分。その後7時、8時台は4本程度運行。タクシーは1,400円ほど。

コースガイド

ペットボトルを担いで鍋割山を目指す

渋沢駅からのバスが着く**大倉❶**からは、塔ノ岳に向かう大倉尾根（通称バカ尾根）と鍋割山を目指す道のふたつの登山道がある。ここは、左の西山林道に入る道を選択する。

要所には道標が立っているのでそれに従う。左に鍋割山・二俣の道標が立つ分岐から舗装された林道を進む。路面が土に変わり、やがて樹林帯に入る。道なりに歩行すると林道に出る。これが西山林道だ。

ここを右、二俣の道標に従う。右に分岐する地点には鍋割山の道標があるので、道なりに左へ行く。針葉樹が広がる林道を進む。勾配はきつくないが、先を考えてゆっくりと。

①実質的な鍋割山の登山口。小さな流れを濡れないように進む。
②後沢乗越に向けて大木が目立つ森のなかをゆっくり登る

左にあるベンチでひと休みして、さらに林道を歩く。左下にゲートのある分岐に出たら、正面の登り勾配の道へ。二俣・鍋割山の道標を目印に登ると、左側に日本山岳協会の発足に貢献し、丹沢エリアの国定公園化運動に尽力した尾関廣の銅像がある。

この先が登山届提出用のポストが設置されている**二俣❷**。その先に見える小さな橋を渡れば、すぐに右に分岐がある。鍋割山稜に登

3 5

③緑濃い鍋割
山稜。季節を
変えて訪れるこ
とをおすすめす
る。富士山の
展望もいい。
④山頂手前の
階段。あとひと
頑張りだ。⑤
後沢乗越。ここ
で寄（やどりき）
方面からの登山
道と合流する。邪魔にならない場所で休憩したら山頂を目指す。⑥鍋
割山山頂。⑦鍋焼きうどんでよく知られる鍋割山荘

る小丸尾根の始点。

　ここにペットボトルの水が山積みになって
いる。水に乏しい鍋割山の鍋割山荘で使用す
る水だ。おいしい鍋焼きうどんが食べられる
のはこの水あってこそ。体力とバックパック
に余裕があれば、ぜひ小屋まで持っていこう。

　小さな橋を何本か渡り、岩に注意しながら
登り、樹林帯に入る。大木の間を大きくジグ
ザグに登る。ガレた道を登った所に「鍋割山
1.9km」の道標が立っている。この道標を過
ぎた辺りからは勾配がきつくなる。ひと休み
したくなる頃、**後沢乗越❸**という峠に着く。

　ここから山頂へは急勾配の登り。1.7kmほど、
木々の間に細く延びた道を進む。勾配はきつ
く、足場もあまりよくない。風が強い晩秋や
初冬のプランなら、帽子と手袋は必携。

　勾配が落ち着いてくると、アセビの間に造

られた20mほどの木道が断続的に現れる。上
空が開け、階段を登れば**鍋割山❹**だ。

　山頂は広く、富士山や相模湾方面の展望に
優れている。鍋割山荘では名物の鍋焼きうど
んをぜひ味わいたい。

塔ノ岳山頂は
丹沢有数のにぎわい

　鍋割山から塔ノ岳へ向かって、稜線を東へ

 水場　コース上に川はあるが飲用に適してい
ない。必ず事前に用意して持っていくこと。

トイレ　大倉、鍋割山荘、尊仏山荘、花立山
荘、見晴茶屋、観音茶屋にある。小屋のトイ
レは協力金100円が必要。

●問合せ先
秦野市役所観光振興課　☎0463-82-9648
神奈川中央交通バス秦野営業所　☎0463-81-1803
秦野交通（タクシー）　☎0463-81-6766

緑と土のコントラストがきれいな鍋割山稜

座る場所がたくさん用意された塔ノ岳山頂。正面が尊仏山荘

進む。軽くアップダウンして新緑に包まれた鍋割山稜を歩くのは気持ちがいい。黒々とした登山道と緑のコントラスト、ブナの特徴的な表皮が印象に残る稜線だ。後方にそびえる富士山が、階段を登るようになるとさらにはっきり見えてくる。小丸で休憩してさらに進む。**小丸尾根分岐❺**は二俣手前に下る小丸尾根の下降点。道標の裏から少し尾根のほうに行った地点からは大倉尾根が左手に見える。目の高さに見える建物は花立山荘だ。

稜線に戻って塔ノ岳へ向かう。長い階段状の道を登れば大丸を経て、階段状の道を下って**金冷シ❻**に出る。ここから左の階段を登り、さらに階段を登れば**塔ノ岳❼**の山頂だ。

好天なら広い山頂から富士山や南アルプスを望む雄大な景色が楽しめる。休憩用のベンチが数多く備えられているので、休憩に困ることはめったにないが、天気のいい休日には混雑することも多い。

下山は大倉尾根を下って大倉まで戻る。金冷シまでは往路を戻り、左の階段を下る。木道が敷かれた花立を過ぎるとガレた道になり、一段下に花立山荘が建つ。**天神尾根分岐❽**を直進し、岩混じりの道を下って**堀山の家❾**へ。

堀山の家を過ぎるときつい下り勾配はなくなり、ダラダラと下って**雑事場ノ平❿**へ。簡易舗装の道に入れば大倉はすぐだ。

鍋割山荘の鍋焼きうどん

鍋割山の名物といえば鍋割山荘のなべ焼きうどんが有名。混雑する休日には少し待たされることもあるが、その変わらない味とボリュームにリピーターも多く、鍋焼きうどんだけが目当ての登山者も少なくない。1500円。

うどんも具材も豊富でこれ目当ての人も多い

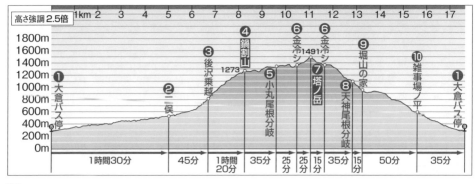

高さ強調2.5倍

1km 2 3 4 5 6 7 8 9 10 11 12 13 14 15 16 17

1800m 1600m 1400m 1200m 1000m 800m 600m 400m 200m 0m

❶大倉バス停　❷二俣　❸後沢乗越　❹鍋割山 1273　❺小丸尾根分岐　❻金冷シ 1491 ❼塔ノ岳　❽天神尾根分岐　❾堀山の家　❿雑事場ノ平　❶大倉バス停

1時間30分　45分　1時間20分　35分　25分　25分　15分　35分　15分　50分　35分

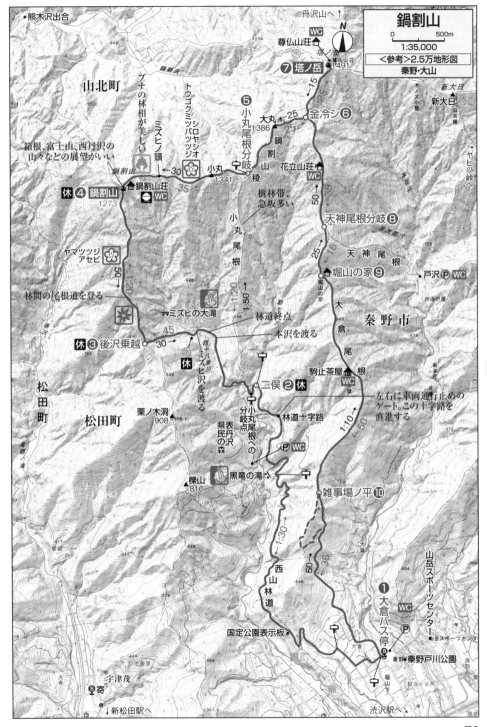

鍋割山

0　　　　500m
1:35,000
<参考>2.5万地形図
秦野・大山

N

・熊木沢出合

丹沢山へ↑

尊仏山荘　WC

⑦塔ノ岳
1491

山北町

新大日

ブナの林相が美しい

トウゴクミツバツツジ
シロヤシオツツジ

⑤小丸尾根分岐

大丸
1386

金冷シ⑥

25

箱根、富士山、西丹沢の
山々などの展望がいい

ミズヒノ頭

小丸
1341

鍋割山稜

花立山荘
WC

ヤビツ峠へ→

30

休④鍋割山
1273

鍋割山荘
WC

35

樹林帯、
急坂多い

天神尾根分岐⑧

ヤマツツジ
アセビ

50

小丸尾根

25

天神尾根

堀山の家⑨

戸沢 P WC

林間の尾根道を登る→

ミズヒの大滝

林道終点

大倉尾根

秦野市

休③後沢乗越

45

30

本沢を渡る

休

ミズヒ沢を渡る

二俣②休

駒止茶屋
WC

左右に車両通行止めの
ゲート。この十字路を
直進する

松田町

栗ノ木洞
908

小丸尾根への
分岐点
表丹沢
県民の森

林道十字路

松田町

P WC

櫟山
810

黒竜の滝

雑事場ノ平⑩

西
山
林
道

山岳スポーツセンター

WC

国定公園表示板・

①
大
倉
バ
ス
停

P

秦野戸川公園

宇津茂

寄

↓新松田駅へ

↓渋沢駅へ

17 | 西丹沢を代表する名山に登る

初・中級

標高	1601m
歩行時間	7時間20分
最大標高差	1060m
体力度	★★☆
技術度	★☆☆

ひのきぼらまる
檜洞丸

1/2.5万地形図	中川

登山適期とコースの魅力

	1月	2月	3月	4月	5月	6月	7月	8月	9月	10月	11月	12月
		積雪				シロヤシオツツジ					紅葉	
						トウゴクミツバツツジ						
					バイケイソウ							

展望　好天なら山頂の北端から富士山が見える。また、蛭ヶ岳から塔ノ岳にかけての眺めもいい。
花　新緑とブナの芽吹きは5月初旬頃。シロヤシオは5月中旬から見頃を迎える。
紅葉　ブナ、コナラが多い山だけに稜線や山頂一帯の紅葉は美しい。

春　オオバイケイソウの新芽は4月下旬、マメザクラやミヤマザクラは5月中旬頃開花する。
夏　シロヤシオやトウゴクミツバツツジは6月に入ると色づき始める。
秋　紅葉は10月中旬。ブナやカラマツが見事だ。
冬　積雪の多い山域。経験者以外は入山不可。

拠点となる西丹沢ビジターセンター

アクセス

新宿駅 — 小田急小田原線 快速急行 1時間15分 800円 → 新松田駅 — 富士急湘南バス 1時間10分 1210円 → 西丹沢ビジターセンター … 7時間20分 … 西丹沢ビジターセンター — 富士急湘南バス 1時間10分 1210円 → 新松田駅 — 小田急小田原線 快速急行 1時間15分 800円 → 新宿駅

新松田駅から西丹沢ビジターセンターまでのバス便は平日だと7時15分発、8時25分発の2本しか利用できない。

西丹沢ビジターセンターまでは1時間10分の乗車時間。下山時では西丹沢ビジターセンター発14時40分、15時40分、17時05分、19時00分。

マイカー　西丹沢ビジターセンター前に無料。50台程度駐車できる。

コースガイド

展望園地は名称通り景勝の地だ

　西丹沢への表玄関となる、バス終点の**西丹沢ビジターセンター❶**には情報を確認できる施設がある。ここで登山道の状況を確認し、トイレを済ませてから出発しよう。

　センターを出たら左へ。用木沢方面へ500mほど登ると、檜洞丸への登山口でもある**つつじ新道入口❷**に着く。ここから大小の岩が転がり、歩きにくい道を進む。滑らないように注意しながら左へ急登すれば、勾配はすぐに落ち着く。所々に木橋が架かる道を歩く。

　歩き始めて20分ほどで南斜面に面した川沿いの道に出る。なだらかで意外に日当たりがいいが、夏場はたっぷりと汗を絞られそうだ。

　道が下り始めると**ゴーラ沢出合❸**に着く。ごろごろと転がった岩の間や上を歩いて小さな流れを渡る。以前は水量豊富な場所だったが、近年はそれほどでもないようだ。正面に見えるコンクリートの階段で少し休憩しよう。ここから本格的な登山になる。

　コンクリートの階段を登った先は、木の根と岩が混じった急な斜面を登るようになる。

水場　西丹沢ビジターセンターに水道と清涼飲料水の自販機がある。できれば現地調達ではなく予め用意していこう。

トイレ　西丹沢ビジターセンター、青ヶ岳山荘（有料）、犬越路避難小屋にある。

●問合せ先
山北町商工観光課 ☎0465-75-3646
富士急湘南バス本社営業所 ☎0465-82-1361
西丹沢ビジターセンター ☎0465-78-3940

檜洞丸

登山者でにぎわう犬越路

①檜洞丸から熊笹ノ峰に向かう途中の稜線から見た晩秋の富士山。当日は風もなく絶好の登山日だった。②西丹沢ビジターセンターから500mの地点にあるつつじ新道入口。③展望園地から先はクサリが張られた箇所も多い。事故が多いのでより慎重に。④ゴーラ沢出合。河原越しに見える鉄の階段を登る。⑤展望園地。ここから富士山が見えたら、きっといいことがあるはずだ

クサリは張られているが、できるだけ頼らずに登りたい。ここをクリアして急斜面の道をしばらく登るとブナの木が目立つ森に入る。

小さな岩の多い道になると木の根と岩が絡まっていて足をひっかけがちになる箇所も多い。ここを抜けると日当たりがよくなり、道も少しだけ安定する。檜洞丸まで2kmの道標から樹林帯の中を300mほど登ると、富士山の眺めに優れた**展望園地④**に着く。テラス状の台地にベンチが1台あり、景色を堪能したいところだ。ここから急勾配が連続するので、体力の回復を図り、水分やエネルギーの補給も忘れずに。

山頂への道は
なかなか手強い

展望園地を出発すると、いきなり難所が現れる。斜面に無理やりつけられたような道で、足元が不安定だ。右手に手摺り代わりのクサリが張られているので、これを頼りに登る。この区間は少し長いが、気を抜かずに歩く。過去には重大事故が発生した場所でもある。

長いクサリ場を越えても安心はできない。勾配のある登りが連続し、土が流されて木の根が露出した箇所が続く。さらに岩が転がる細い道に入る。岩をよけ、土の部分に足を置くことだけを考えよう。目の前に急な階段が現れると一瞬ホッとする。この階段の先で少しだけ勾配のゆるい尾根道を歩く。

10段ほどのハシゴが現れると、再び勾配がきつくなる。ブナに囲まれた林だが、土が流され木の根が露出した箇所が多くなる。長いクサリが垂らされた斜面では、足元の石を蹴り落さないように注意しよう。その上のハシゴは三点支持の姿勢を保って登ること。三点支持とは、両手両足のうち3本で体を支え、残りの1本を動かして進む方法。これを連続して進む。その後に続くクサリ、ハシゴも、基本は三点支持の体勢でクリアする。

檜洞丸まで800mの道標が立つ所にあるベンチで少し休憩し、連続する木の階段登りをクリアする。右から登山道が合流したら、そこが石棚山稜分岐だ。

この先も階段登りが続く。展望が開け、勾配

⑥石棚山分岐を過ぎると開放的な雰囲気が広がる。木道から外れないように注意しながらゆっくり登る。⑦檜洞丸山頂。明るく広い山頂で樹木が茂った季節以外は展望がいい。⑧檜洞丸から犬越路に向かっての下り出し地点。前方に西丹沢の山並みが広がる。⑨用木沢橋。ここを過ぎれば舗装された道を西丹沢ビジターセンターまで歩く

配が落ち着き、木道を歩くようになる。大きなブナの木が目立つようになり、山頂に向けて最後の登り。足元の木の階段を登りきれば**檜洞丸⑤**の山頂に到着する。

　山頂は広く、休憩ポイントには困らない。蛭ヶ岳方面や表尾根の眺めは素晴らしく、下山路として使う犬越路への取りつき点からの富士山の姿もいい。

怖さを感じさせるほどの
急勾配を慎重に下る

　山頂から、犬越路への注意が書かれた看板前を通って犬越路3.6kmの道標の立つ地点に下り立つ。この先は一気に高度を下げることになる。遮るものがないため、まともに風を受ける急勾配の稜線につけられた階段を一気に下る。この下りが怖いようなら、迷わず山頂から往路を戻ろう。

　左に富士山や箱根、西丹沢の山並みが眺められる好展望の場所だが、景色に気をとられていると滑落の危険があるので慎重に。左斜面が開放的な細い尾根道をアップダウンするようになる。樹林帯の中やクサリが張られた箇所などがあるが、とりたてて危険はない。

樹木に囲まれた小さなピークを越えると、左側のフェンスに沿って歩く。まもなくベンチがある神ノ川への分岐点。ここで休憩した後さらに下れば、やがて勾配はゆるやかになり、**犬越路⑥**に到着する。

　避難小屋の建つ犬越路で休憩したら、用木沢出合に向けて樹林帯を下降する。勾配のきつい箇所もあるので慎重に。**用木沢出合⑦**からは車道を歩いて出発点の西丹沢ビジターセンターへ戻る。

> ### 犬越路
>
> 檜洞丸からの下山途中で寄る犬越路（いぬこえじ）は、大室山の登山口や神ノ川ヒュッテに向かう分岐点になっている。トイレが完備され避難小屋が建つ峠だ。戦国時代に武田信玄が北条氏康を攻める際に、犬を先導させて越えた峠ということから犬越路と呼ばれるようになったらしい。
>
>
>
> アップダウンのある尾根道が犬越路まで続くが、道はしっかりしているので歩いていて楽しいと思うはずだ

丹沢

檜洞丸

75

18 大室山〜加入道山

<small>おおむろやま　かにゅうどうやま</small>

神奈川、山梨県境の深い原生林を歩く

初・中級

標高	1587m（大室山）
歩行時間	7時間5分
最大標高差	1047m
体力度	★★☆
技術度	★★☆

1/2.5万 地形図　**中川、大室山**

登山適期とコースの魅力

1月	2月	3月	4月	5月	6月	7月	8月	9月	10月	11月	12月

積雪
トウゴクミツバツツジ
シロヤシオツツジ
ヤマトリカブト
紅葉

展望　犬越路は峠で檜洞丸、神ノ川ヒュッテ、大室山に向かう道が交差し日当たりに恵まれている。
花　新緑は5月初旬〜中旬。ブナの芽吹きのこの頃。シロヤシオは5月中旬〜6月上旬頃。
紅葉　派手ではないが、斜面が黄色に染まるブナの葉が美しい。

春　青々とした新緑が楽しめるのが5月上旬頃。中旬になるとツツジの花が観賞できる。
夏　樹木に覆われ盛夏は暑い。しかし、ヤマトリカブトの花は8月中旬くらいから咲く。
秋　黄色に染まるブナの葉がきれい。
冬　積雪がなければ登山可能。

西丹沢ビジターセンターの大型駐車場

アクセス

新宿駅 —[小田急小田原線 快速急行 1時間15分 800円]— 新松田駅 —[富士急湘南バス 1時間10分 1210円]— 西丹沢ビジターセンター —[7時間5分]— 西丹沢ビジターセンター —[富士急湘南バス 1時間10分 1210円]— 新松田駅 —[小田急小田原線 快速急行 1時間15分 800円]— 新宿駅

新松田駅から西丹沢ビジターセンターまでのバス便は平日だと7時15分発、8時25分発の2本しか利用できない。

西丹沢ビジターセンターまでは1時間10分の乗車時間。下山時では西丹沢ビジターセンター発14時40分、15時40

分、17時05分、19時00分。
マイカー　西丹沢ビジターセンター前に無料駐車場あり。50台程度駐車できる。

コースガイド

用木沢出合から本格的な登山が始まる

西丹沢ビジターセンター①から歩き始める。用木沢方面に進むと、ほどなく右手に檜洞丸への道を分ける。ここを直進し、いくつかあるキャンプ場を通りすぎる。周りの山が色づくころだと、歩くだけで楽しい道だ。やがてベンチのある**用木沢出合②**に着く。

まだそれほど時間が経っているわけでもなく、休憩するほどではない。ザックのゆるみを確認し、靴ひもをきちんと締めなおして出発する。

ここを右手に進む。すぐに青い橋を渡る。用木沢公園橋だ。用木沢を詰めるように、左右に渡り返しながら登っていく。水量は多く

はないので、濡れるようなことはない。その後、大小の石が転がる道から樹林帯を登っていく道に変わる。途中、斜面が切れ落ちた所につけられた道には、手摺り代わりのクサリが張られているが、危険はない。きつい勾配の箇所では焦らずに、また滑らないように注意しながら歩こう。やがて、トイレも併設された避難小屋の建つ広場に出る。**犬越路③**だ。

ここは十字路になっている山中の要衝。左

鉄製の用木沢公園橋。増水時でも問題ない

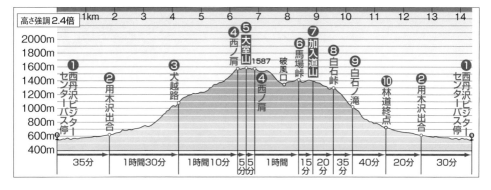

| 35分 | 1時間30分 | 1時間10分 | 5分 | 5分 | 1時間 | 15分 | 20分 | 35分 | 40分 | 20分 | 30分 |

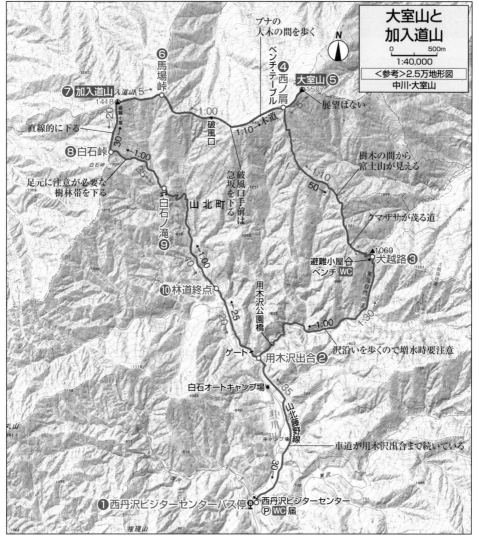

大室山と加入道山

0 ── 500m
1:40,000

<参考>2.5万地形図
中川・大室山

ブナの大木の間を歩く
ベンチ・テーブル

展望はない

樹木の間から富士山が見える

クマザサが茂る道

直線的に下る

足元に注意が必要な樹林帯を下る

避難小屋合ベンチ WC

沢沿いを歩くので増水時要注意

車道が用木沢出合まで続いている

❶西丹沢ビジターセンターバス停
西丹沢ビジターセンター P WC 扉

⑥馬場峠
⑦加入道山
⑧白石峠
⑨白石ノ滝
⑩林道終点
④西ノ肩
大室山⑤
③犬越路
②用木沢出合
白石オートキャンプ場
ゲート
用木沢公園橋
山北町
破風口
破風口手前は急坂を下る
山北藤野線

①大室山山頂稜線からの展望。深い山岳風景が広がる。②日当たりのいい犬越路。ここは4本の道が交差する峠。避難小屋が建つ。③平坦な大室山山頂。意外に登山者は少ない

へ進めばこれから登る大室山への道。北に下れば日蔭沢。東に延びるのは、檜洞丸へと通じる道だ。テーブルとベンチが置かれているので、しっかりと休憩をして、体力を回復させてから出発したい。

大室山に加入道山
いずれも展望には恵まれない

　避難小屋の前から急坂に取りつく。いきなりの急勾配なので、びっくりするだろうが、一歩一歩進めば、ほどなく平坦な場所に出る。左の木々の間から姿を見せてくれる富士山は、厳しい登りの後だけに、ひときわ美しく見える。ところが、ササが茂る道にさしかかると再び勾配はきつくなる。我慢して、立ち休みを繰り返して登っていくと、トリカブトの群生が見られるようになる。ほどなく、大きなテーブルが目印の**西ノ肩④**に到着する。ここから右へ5分ほど水平歩行すれば、**大室山⑤**の山頂だ。樹木に囲まれて展望も楽しめないので、ブナに囲まれて森閑としている西ノ肩に戻ってランチタイムにするといいだろう。

　ここからは大室山と反対に西へと進路をとる。ブナの林が美しい尾根道を歩いていく。大きな木にさまざまなキノコが寄生していて、ちょっと不気味ささえ感じさせる道だ。ブナの木の間を縫うような平坦な歩きから一転し

て下ると、破風口といわれる鞍部。細く両側が切れていて、転倒や滑落に注意したい所だ。ここを過ぎて木の階段を登り返す。10分ほどでなだらかになり、ブナの木の間を縫うように進む。いったん長い木の階段を下り、ゆるい登りにさしかかると加入道山避難小屋まで300mの道標が現れると**馬場峠⑥**、わずかに登れば**加入道山⑦**の山頂に着く。

　このピークも残念ながら展望には恵まれていない。一段下った所に避難小屋が建っているほか、テーブルが置かれている。静かで落ち着いた雰囲気で、時間の許す限りのんびりしたい。

　樹林帯を白石峠に向けて下っていく。途中、右手に道志村へ下る道を分け、ここを直進すると5分ほどで**白石峠⑧**。ここを左に折れ、樹木に囲まれた中に延びる急勾配の道をジグザグに下る。ここは崩落が続いていて、整備はされているものの初級者には厄介な下りになる。このため、初級者や体力に自信がない人は往路を戻ったほうが無難だ。

　ここからの足場は悪い。気持ちを引き締めて下ろう。ただ、木にテープが巻かれている箇所が多くあるので、迷うことはない。

　階段状の道を下る。高度が下がってくると、

4 5
6 7

8

④加入道山方面への道はアップダウンが激しいため階段や木道が設置されている。⑤加入道山山頂。傍らには加入道避難小屋が建つ。⑥加入道山から10分下った地点に道志への分岐がある。⑦用木沢に繋がる白石峠。⑧清涼感のある白石ノ滝

岩や倒木が目立つ涸沢のような場所を下るようになる。クサリが張られた場所も、無理なくクリアできるはずだ。

　枝に巻かれたテープを頼りに、転倒に注意しながら下る。長めの細い木橋で小さな流れを渡る。テーブルが2台置かれた場所まで下ればひと安心だ。さらにテープを頼りに進む。崩落地に架けられた木橋を過ぎて、伐採地に入っていく。しばらく進むと、きれいな滝が見えてくる。これが**白石ノ滝⑨**で、コース上に展望のいい場所がある。

　滝を見物したら、小さな木橋で流れを越える。傾斜が気にならなくなり、岩も目につかなくなれば、ほどなく**林道終点⑩**に下り立つ。用木沢出合までは1kmほどの地点で、ここからは舗装された林道歩きになる。それまでの

歩きにくさが嘘のような快適さだ。振り返れば、稜線がはるか上に見える。そこを歩いてきた感慨もひとしおといったところだ。前方にゲートが見えてきたら、朝歩き始めた用木沢出合に着く。

　ここから西丹沢ビジターセンターへ戻る。

山中の避難小屋

紹介コースには犬越路避難小屋（トイレ有）と加入道避難小屋（トイレ無）のふたつがある。避難小屋は緊急時以外宿泊することはできないが、多くの登山者が休憩時に利用しているのが実情。休憩時に利用しても出発時にはごみを持ち帰るというマナーを必ず守ること。悪天候時には命を守ってくれる大切な存在だ。ルールに従って登山者全員で小屋を守っていくことが大切。このふたつの小屋についての問い合わせは神奈川県自然環境保全センター☎046-248-2546へ。

水場　西丹沢ビジターセンターに水道と清涼飲料水の自販機がある。できれば現地調達ではなく、あらかじめ用意していこう。

トイレ　西丹沢ビジターセンター、青ヶ岳山荘（有料）、犬越路避難小屋にある。

●問合せ先
山北町商工観光課　☎0465-75-3646
富士急湘南バス本社営業所　☎0465-82-1361
西丹沢ビジターセンター　☎0465-78-3940

加入道避難小屋（左）と犬越路避難小屋の内部（右）。どちらも利用する時には汚さず、ゴミは持ち帰ること

19 | 歩く人が少ない静かな尾根道を歩く　　中級

標高	1292m
歩行時間	7時間25分
最大標高差	752m
体力度	★★☆
技術度	★★☆

とりのむねやま～あぜがまる

鳥ノ胸山～畦ヶ丸

1/2.5万地形図　都留・大室山・御正体山・中川

登山適期とコースの魅力

1月	2月	3月	4月	5月	6月	7月	8月	9月	10月	11月	12月

マメザクラ
ミツマタ
ヤマトリカブト
フタリシズカ
紅葉

展望　あまり展望に恵まれたコースではないが、鳥ノ胸山山頂は西側の展望がいい。
花　マメザクラやタチツボスミレ、アセビ、ミツバツツジなどが観察できる。
紅葉　稜線の紅葉がきれい。とくに畦ヶ丸周辺の紅葉は美しい。

春　カエデやブナなどの新緑が眩しいくらいになる。アセビの花も咲く。
夏　初夏には尾根道にはツツジが咲き登山道が明るくなる。盛夏は小さな虫に苦しめられることも。
秋　イワシャジンの花や紅葉が登山道を染める。
冬　沢筋や登山道が凍結することがある。

ゴール地点の西丹沢ビジターセンター

アクセス

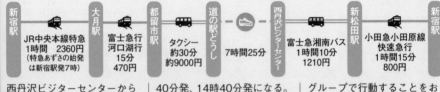

新宿駅		大月駅		都留市駅		道の駅どうし		西丹沢ビジターセンター		新松田駅		新宿駅
	JR中央本線特急 1時間 2360円 (特急あずさの始発は新宿駅発7時)		富士急行 河口湖行 15分 470円		タクシー 約30分 約9000円		7時間25分		富士急湘南バス 1時間10分 1210円		小田急小田原線 快速急行 1時間15分 800円	

西丹沢ビジターセンターから新松田駅までのバスは最終が19時発で、その前が17時05分発、さらにその前は15時40分発、14時40分発になる。最終に乗り遅れると下山手段がなくなるので要注意。このコースは歩く人が少ないので、グループで行動することをおすすめする。設定は中級者向きだが、経験者が同行していれば初級者でも歩ける。

コースガイド

緑濃い鳥ノ胸山から甲相国境尾根に乗る

　山梨県側から入山して神奈川県側に下山する。アクセスに少し難があるせいか、このコースを歩く人は少ない。しかし、それだけに新しい発見や経験したことのない思い出が増えるかもしれない。

　道の駅どうし❶から道志川に架かる橋を渡って直進すると、左に鳥ノ胸山に向かう道が分岐している。ここに入り、道なりに進む。舗装された道から登山道に入る。野鳥の声が聞こえてくる道だ。木々の間から下には、民家が見えている。それだけ地元の人たちに守られ、大切にされているエリアだということがわかる。山頂手前は少し勾配の強い箇所も

鳥胸山登山口。焦らずにのんびりした気分でスタートしよう

鳥ノ胸山は登り一辺倒の登山道。立ち休みを繰り返して進もう

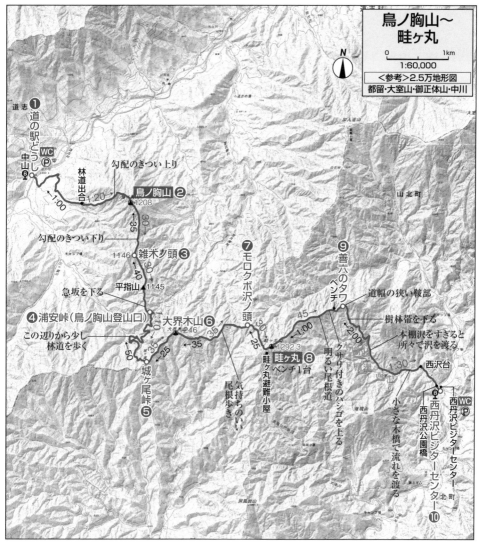

①鳥ノ胸山山頂。静かな場所で、他の登山者と遭遇することは滅多にない。②浦安峠。明るく広いので休憩してからスタート。③城ヶ尾峠。ここから縦走開始

あるが、たいした苦労もせずに**鳥ノ胸山❷**に到着。

　山梨百名山に選定されている鳥ノ胸山は木の根が露出した箇所が多い。土の流失が多いのだろうか。小広い山頂は樹木に覆われ、わずかに西側に展望があるだけだが、樹木のおかげで盛夏でも涼しく感じることができる。ひと休みしていこう。

　鳥ノ胸山から南へ進路を取る。木の根が露出して少し藪が濃いが、ルートを見失うようなことはない。**雑木ノ頭❸**を越えて下ると平指山に到着する。山頂標識はなく、木の幹に山頂名と標高が記されたテープが巻かれている。立ち休みをしたら、さらに下る。下り着いた所が**浦安峠❹**。ここで少し休憩。

　浦安峠から林道を下って行くと、道の駅どうしに向かう道に合流する。ここを左へ。登り勾配が強い道で、終点が縦走路の城ヶ尾峠に登る基点になる。このルートでは難所といえるかもしれない。ロープ伝いに足場の悪い斜面を登らなければならないが、落ち着いて呼吸のリズムで登れば問題はない。辿り着いた所が**城ヶ尾峠❺**だ。

　城ヶ尾峠では少し時間を取って休憩しよう。鳥ノ胸山からの下りと城ヶ尾峠までの登りでかなり疲労しているからだ。水分補給と同時にエネルギー補給も忘れないように。

菰釣山から続く 県境の尾根道を歩く

　城ヶ尾峠の標高は1160m。ここから畦ヶ丸2.8kmの道標に従い尾根道を進む。ヤブに覆われた**大界木山❻**までは登ることになるが、山頂からモロクボ沢の頭までは軽いアップダウンを繰り返すようになる。とくに危険を感じるような箇所はないはずだ。忠実にルートをトレースすれば大丈夫。

　モロクボ沢ノ頭❼で県境の尾根道から外れて畦ヶ丸避難小屋へ向かう。30分ほどで避難小屋に到着する。ここから西丹沢ビジターセンター方面へ向かう。

　畦ヶ丸避難小屋からわずかに進めば**畦ヶ丸❽**山頂だが、休憩するのは山頂よりも避難小屋の前のほうがいい。畦ヶ丸山頂から登山道を進む。軽いアップダウンを繰り返すが、快適に歩を進めることができるはずだ。少し長い階段を下って細い道を進む。手摺り代わりのクサリが張られたハシゴをクリアするとベンチが置かれた小さな台地に着く。疲れを感じていたら、休憩していこう。

　ブナの木が目立つ道を下る。木の根が露出した箇所も多いので慎重に。こうした歩きが

善六のタワまで続いている。

善六のタワから西沢台まで 渓流に沿った道を歩く

善六のタワ❾は道の両サイドが切れ落ちた道上にある、滑落注意の場所。畦ヶ丸まで1.7kmの道標が立っている。さらに細い道を登ると、土の流失を止めるために丸太が埋め込まれた箇所を通過する。その後は木の根が露出した少し勾配の強い斜面を下る。西沢出合の道標で右へ。傾斜地に造られた木の橋を渡る。その後、涸れた沢を横切るようにして何度かアップダウンを繰り返す。

西沢出合2.2kmの道標が立つ地点にテーブルが置かれているので、ここで少し休憩していこう。その後は斜面を大きくジグザグして下ることになる。所々に土流失止め用の杭が打たれているので躓かないように注意しよう。西沢出合まで2kmの道標を過ぎると岩が転がる涸沢を進むようになる。大小の石や岩が転がる場所なので足元に注意したい。

このエリアを抜けると本棚沢、下棚沢、西沢と流れのある沢沿いを下る。下棚沢出合を過ぎると広場に出る。休憩ポイントだ。小さな木橋で沢を渡り一時樹林帯に入るが、すぐに連続して小さな木橋を渡る。すれ違うことはできないので、登ってくる人とのタイミングを計ろう。

さらに木橋を渡ったり石が転がる道を進む。林を抜けると広い河原に到着する。前方にコンクリートの階段が見える。西沢台堰堤を越

④小広い畦ヶ丸山頂。展望はない。⑤西沢台にかけての登山道は沢沿いのため、何度も流れを渡り返すことになる。⑥狭く両側が切れ落ちた箇所がある善六ノタワ付近の登山道。通行には細心の注意を払うこと

える階段だ。ここを越えて堰堤沿いの道を下る。この先にも木橋で流れを越えなければならない箇所が続く。西丹沢ビジターセンターまで0.4kmの道標に出合ったら、その先で最後の木橋を渡ることになる。道なりで**西丹沢ビジターセンター❿**だ。

丹沢の哺乳類動物

丹沢には多くの哺乳類動物が生息している。ニホンジカやカモシカ、テン、キツネ、イノシシ、タヌキ、ハクビシン、アカネズミ、アナグナ、ニホンリス、ニホンザル、ニホンウサギ、テングコウモリ、ツキノワグマなどだ。なかでもニホンザルやニホンジカはよく眼にする。

鳥ノ胸山で一緒だったタヌキ。丹沢には野生動物が多数棲息する

💧 **水場**　コース上に水場はない。そのため、事前に用意することを忘れないように。道の駅どうしで水のペットボトルのほか簡単な食料を調達することができる。

🚻 **トイレ**　スタート地点の道の駅どうし、畦ヶ丸避難小屋、西丹沢ビジターセンターにある。

●問合せ先
道志村産業振興課 ☎0554-52-2114
西丹沢ビジターセンター ☎0465-78-3940
富士急山梨ハイヤー ☎0554-43-2800

丹沢

鳥ノ胸山〜畦ヶ丸

20 かつてシダゴンという仙人が棲んでいた山といわれる

初級

シダンゴ山〜宮地山
しだんごやま〜みやじやま

標高	758m
歩行時間	2時間30分
最大標高差	475m
体力度	★☆☆
技術度	★☆☆

1/2.5万地形図　秦野、山北

登山適期とコースの魅力

	1月	2月	3月	4月	5月	6月	7月	8月	9月	10月	11月	12月
アセビ		━	━	━								
タチツボスミレ		━	━	━								
イチリンソウ		━	━	━								
紅葉										━	━	

展望 塔ノ岳や鍋割山など丹沢の主脈や相模湾方面、富士山が見える。
花 4月中旬くらいにはアセビが群生。登山道脇には茶畑が広がる。
橋 登山口手前の大寺橋の別名はメロディ橋。叩くと「お馬の親子」のメロディが流れる。

春 お茶の木は常緑樹のため常に緑色だが、春に訪れると緑が濃いように感じる。
夏 真夏は酷暑になることも多く登山向きではないが、何故か登山者も多い。
秋 山頂から丹沢主峰の紅葉が楽しめる。
冬 雪に覆われた丹沢主脈が眺められる。

登山口にはシカ避けのためのドアがある

アクセス

| 新宿駅 | 小田急小田原線 快速急行 1時間15分 800円 | 新松田駅 | 富士急湘南バス 25分 520円 | 寄バス停 | 2時間30分 | 寄バス停 | 富士急湘南バス 25分 520円 | 新松田駅 | 小田急小田原線 快速急行 1時間15分 800円 | 新宿駅 |

小田急線新松田駅とJR新松田駅は隣同士だが、東京方面からだと小田急線を利用したほうが時間も料金も安い。寄に向かうバスは1時間に1本〜2本程度しかないので事前に富士急湘南バスのホームページで必ず確認することを忘れないように。

マイカー 寄自然休養村管理センターに無料の駐車場がある。トイレと食堂も完備されている。

コースガイド

動物避けの扉は必ず閉めて出発しよう

寄バス停①から中津川に架かる大寺橋を渡ることからコースが始まる。この橋は別名メロディ橋といわれ、中央部分の欄干を順番に叩くと「お馬の親子」の曲が流れる仕掛けになっている。行きと帰りにそれぞれ渡る橋なので、話の種にもなり、いずれかで試してみたいところだ。

この橋を渡ったら、集落の中を進む。最初の分岐を左に進めば宮地山。下山時にここに下ってくることになる。その後、右左折を繰り返すが、必ず道標があるのでそれに従えばいい。

集落を抜けた所にあるのが大寺休憩所。ト

①欄干を順番に叩くと「お馬の親子」のメロディーが流れる大寺橋。大人も童心に戻ることができる。②人が住むエリアに近い山だけに林道のような登山道も多い

1
2

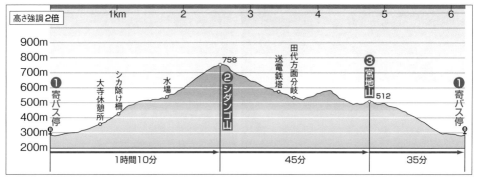

高さ強調2倍

| 1km | 2 | 3 | 4 | 5 | 6 |

900m
800m
700m
600m
500m
400m
300m
200m

❶ 寄バス停

大寺休憩所

シカ除け柵

水場

❷ シダンゴ山 758

田代方面分岐
送電鉄塔

❸ 宮地山 512

❶ 寄バス停

1時間10分　　　45分　　　35分

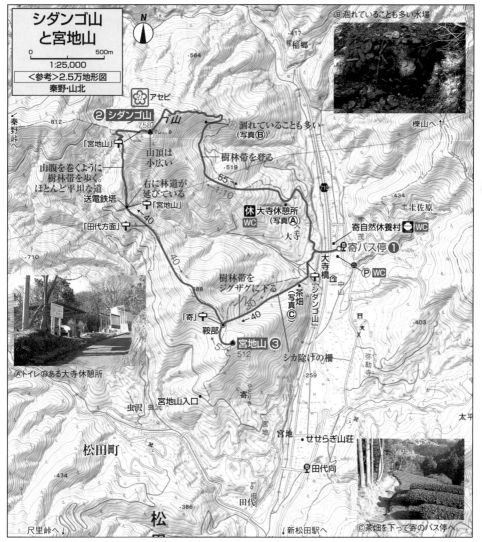

シダンゴ山
と宮地山

0　　　　500m
1:25,000

<参考>2.5万地形図
秦野・山北

Ⓑ涸れていることも多い水場

Ⓝ

樫山へ↑

丹沢

シダンゴ山〜宮地山

アセビ

❷ シダンゴ山
758

「宮地山」

山頂は
小広い

涸れていることも多い
（写真Ⓑ）

樹林帯を登る

・519

秦野峠へ

・812

山腹を巻くように
樹林帯を歩く、
ほとんど平坦な道
送電鉄塔

右に林道が
延びている
「宮地山」

・710

「田代方面」

大寺休憩所
（写真Ⓐ）

・434

土佐原

寄自然休養村

寄バス停 **❶**

大寺

大寺橋

「シダンゴ山」

茶畑
（写真Ⓒ）

Ⓐトイレのある大寺休憩所

樹林帯を
ジグザグに下る

・588

「寄」

鞍部

宮地山 **❸**
512

シカ除けの柵

・403

弥勒寺

太平

松田町

虫沢

宮地山入口

・259

せせらぎ山荘

Ⓑ田代向

・474

宮地

田代

・386

松田

↙尺里峠へ

↓新松田駅へ

Ⓒ茶畑を下って寄のバス停へ

85

3 4
5 6

③大寺休憩所。トイレが併設されている。④長い年月の間に木の根が露出した箇所も多い。踏まないように。⑤小広いシダンゴ山山頂。⑥宮地山に向かう道は広い箇所もある

イレがあるので利用し、身支度を整えてから再び歩き始める。ここから茶畑の中の急斜面を進む。コース屈指の勾配だが、自分のペースで登っていく。やがて、トタンでできた扉の前に出る。これは農作物を野生動物から守るためのもの。丹精込めて育てた実りを台無しにされてしまったら、相手が動物とはいえ負の感情が湧き出すのは生産者としては当たり前。登山者の不注意でそうした被害を受けることがないように、必ずきちんと閉めてから登山道を進むようにすること。

　ここがシダンゴ山への登山口。この先、登山道は樹林帯に延びている。最初は少し急な勾配で先が思いやられるが、すぐに歩きやすくなるので心配はない。里山ののどかな雰囲気をのんびり楽しみながら歩こう。気持ちのいい歩きが終わるころ、左側に小さな水場が現れる。とはいえ、この水場は涸れていることが多いので頼るのは危険。水は必ず携行しよう。

　ここを過ぎると直線的に登るようになる。

薄暗い樹林帯を過ぎ、いくらか明るくなるとまだ若い木々の間に入っていく。これを抜ければ**シダンゴ山❷**の山頂に着く。

　山頂は平坦で小広い。中央には小さな祠と山名の由来が書かれた石碑が建っている。鍋割山の稜線から表尾根が見える。山頂の木々が葉を落とすころには、よりはっきり見えるはずだ。また西の方角には、富士山が恥ずかしがるかのように、少しだけ姿を見せてくれる。南側には松田町方面が見下ろせ、人々の営みを想像させてくれる。ゆっくりランチを楽しむにはもってこいの場所だ。

単なる広場といった風情の
宮地山山頂

　シダンゴ山から秦野峠方面を目指す。樹林帯を下ると5分ほどで宮地山への分岐に出る。ここを左へ、山腹を巻くようにして歩く。鉄塔下を通過したら、田代方面の分岐で左に入

⑦シダンゴ山山頂。天気に恵まれれば日当たりと丹沢主脈の展望は約束できる。⑧宮地山山頂は樹木に囲まれた小さな広場になっている。⑨下山は畑の脇を下る箇所も多い

る。行き会う人も多くはない静かな道を、軽くアップダウンを繰り返しながら歩く。たいした苦労もなく、寄自然休養村へ下る道との分岐に着く。

　下山時に歩くことになるこの道を左に分けて、直進する。樹林帯の細い道を軽く登れば、標高519mの**宮地山❸**に到着する。ところが、期待とは裏腹に山頂らしい風情は皆無といっていいほどで、登り着いたといった達成感も湧き上がってこない。単に樹木に囲まれた広場といった雰囲気でしかない所。ただ草原状になっているので、多くの人が思い思いに休憩している。せっかくなら、いくらかでも明るい所を探すと、気分が晴れやかになるだろう。日の光を浴びて、昼寝を決めんでいる人もいる。はた目にも気持ちがよさそうだ。

　下山は先ほど通過した自然休養村へ下る道で。分岐からの下り始めは急坂だが、すぐに

勾配はゆるやかになるので安心だ。のんびりと、それでも確実に高度を下げていく。登山口にもあったような野生動物避けの柵を越えると茶畑の脇を下っていく。この辺りは日当たりに恵まれていて、冬でも汗ばむこともあるほど。真夏には遠慮したいコースだ。

　竹林にさしかかる辺りからは、道は舗装されている。その歩きやすさは疲れた足にも快適で、舗装のありがたさを実感できる。故郷に帰ったようなのどかな気持ちで道なりに進み、住宅街に下り着いたら、大寺橋は近い。橋を渡った先には寄のバス停がある。

シダンゴ山とは

シダンゴ山を漢字表記すると震旦郷山になる。震旦とは中国の旧異称。6世紀、欽明天皇の時代に仏教を伝えるためシダゴンという仙人がこの山に棲み、塔ノ岳山頂に棲む仙人と盛んに往来していたと言い伝えられている。このシダゴンは仏教の修行を積み重ねた人を意味し、その名が転じてシダンゴ山という名称になったと伝えられている。

シダンゴ山山頂に建つ山名由来の碑。地元の人たちの協力で建てられた

💧　**水場**　山頂の手前にあるが、涸れることもあるので寄自然休養村管理センターの水道で給水するか、乗り換え駅や新松田駅で購入すること。
🚻　**トイレ**　寄自然休養村管理センターと大寺休憩所にある。

●**問合せ先**
松田町観光協会　☎0465-85-3130
富士急湘南バス新松田駅前案内所　☎0465-82-1364
寄自然休養村管理センター　☎0465-89-2960

21 | 関東の富士見100景に選定されている低山　初・中級

<small>おおのやま</small>
大野山

標高	722.8m
歩行時間	3時間40分
最大標高差	550m
体力度	★★☆
技術度	★☆☆

1/2.5万 地形図	山北

登山適期と コースの魅力

	1月	2月	3月	4月	5月	6月	7月	8月	9月	10月	11月	12月
積雪	■	■										
ヤマザクラ				■	■							
ヤマブキ				■	■							
オオイヌノフグリ			■	■	■							
紅葉										■	■	

展望　山頂は平坦で広く、相模湾や西丹沢の山々のほか遮る物のない富士山の姿が印象に残る。
花　4月中旬から下旬にかけて山頂ではヤマザクラ、麓ではソメイヨシノが咲く。
紅葉　登山道は樹木が深く、赤や黄に染まった紅葉が満喫できる。山頂のススキも美しい。

春　4月〜5月くらいの湿度の低い晴天日がいい。山頂から富士山や丹沢主脈が見える。
夏　南斜面は直射日光が当たり汗を絞られる。
秋　11月から冬季までの晩秋期もおすすめ。空気も乾燥し展望を得るチャンスが広がる。
冬　雪さえなければ登ることができる。

こぢんまりとした無人の谷峨駅

アクセス

新宿駅 →🚃 小田急小田原線 快速急行 1時間15分 800円 → 新松田駅 →👟 5分 → 松田駅 →🚃 JR御殿場線 13分 200円 → 谷峨駅 →👟 3時間40分 → 大野山入口バス停 →🚌 富士急湘南バス 18分 420円 → 新松田駅 →🚃 小田急小田原線 快速急行 1時間15分 800円 → 新宿駅

御殿場線の本数は少なく、小田急線との連絡が必ずしもいいとはいえない。そのため事前に調べておくことが大切。

そうしないと時間をロスすることになる。松田駅から谷峨駅までの乗車時間は12〜15分。休日の午前は6時20分、

6時50分、7時23分、8時5分、8時47分、9時27分、10時8分、10時33分、11時15分発のみ。マイカーは不向き。

コースガイド

歩き始めると 富士山が顔を出してくれる

　スタート地点となる谷峨駅❶は無人駅。可愛らしい駅舎にカメラのレンズを向ける人も多い。駅舎前が広いので、ストレッチをしてからスタート。駅前の道を進む。すぐに線路を渡る橋が右に見えてくる。ここを渡り、JR御殿場線の線路を越えたら田園地帯を進む。大野山への道標はしっかりしている。

　青い吊り橋を渡って舗装道路を進む。少しずつ登り勾配がついてくるが息が上がるほどではない。振り返ると富士山が見えているはずだ。しばらく進むと左に大野山ハイキングコースの登山口が現れるのでそこを左へ。

　細い登山道だが簡易舗装されているので歩

①谷峨駅から開放的な道を歩き始める。道標に従って歩けばいい。②青い鉄の橋を渡って舗装道路を進めば登山口。③都夫良野頼朝桜。④頼朝桜先の休憩舎。ここで右に登る

きやすい。すぐに土の道になる。ここを抜けると動物避けの金網が張られたエリアに入る。扉を開けて進むのだが、必ず閉めること。しばらく登ると、晴天なら富士山が見える。思

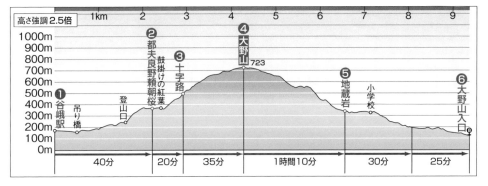

●下山後、樋口橋バス停前を直進して進み、御殿場線の線路を陸橋で越えてすぐ右へ入って歩けば、山北駅に出ることができる。樋口橋バス停から15分ほどの距離。山北〜松田は御殿場線9分、190円。

⑤山頂手前の解放感に溢れた登山道。歩いているだけでも心が弾む。⑥草原状の山頂。後方に見えるのは丹沢主脈。⑦山頂からの下り始めは階段状の道。⑧下山道ははっきりしている

わず「富士山だ」と叫んでしまう人も多いはずだ。ここから樹林帯を軽くアップダウンしながら進む。木漏れ日が心地いい。大野山まで55分の道標を過ぎると簡易舗装された道になる。目の前に大きな木が見えたら、それが**都夫良野頼朝桜❷**。この先に休憩舎があるので少し休んでいこう。

この休憩舎の先で完全な山道になるが、勾配のある部分は階段状に整備されているので問題はないはず。階段状の道を抜けると舗装された林道（**十字路❸**）を横切る。再び動物避けの柵があるのでそこを抜けて登る。緑濃い樹林帯だが、その向こうに富士山が見えている。まるで富士山に励まされているようだ。息が上がったら立ち休みを繰り返して自分のペースで進もう。

正面に牧場の柵のような物が見えてきたら、広い大野山の山頂の端に乗ったことになる。柵沿いに進む。富士山と対面しながら歩ける開放的な道。15分ほどで**大野山❹**山頂に到着する。

富士山の展望を十分楽しんだら
山麓の集落に下る

大野山山頂は広く休憩する場所には困らない。富士山はもちろんだが、丹沢主脈の眺めも目の前に広がっている。トイレ、東屋、展望盤もあるので、気に入った場所に腰を下ろして時間の許す限りのんびりしよう。

下山は舗装された道を山北方面へわずかに下り、山北駅への道標に従う。階段状の道を一気に下るのだが、滑らないように注意したい箇所だ。また、ここでの追い抜きは止めておこう。スカイツリーと同じ高さの標高643m地点にウサギの木彫り彫刻が置かれていた。ここを過ぎてしばらく下ると、木漏れ日が心地いい樹林帯に入る。道幅はそれほど広くないので、注意しながら歩くこと。追い越しやすれ違い時には十分に注意が必要だ。

ブタの可愛らしい木彫りが置かれた地点が

低山ながら展望に優れた山。山頂手前から眺める富士山

地蔵岩⑤で下山口になる。大野山ハイキングコース地蔵岩ルートの看板が立っている。ここでひと休みしよう。

ここから山北駅の道標に従い舗装された道を下ることになる。それまでの登山道とは異なり、楽な気持ちで歩くことができるはずだ。そのまま開放的な道を下る。

炭焼窯の前を通過すると山北駅まで50分の道標と出合う。さらに国指定の重要無形民俗文化財の看板の前を通る。さらにもりの駅くすの木、共和小学校前を通過すれば大野山登山口バス停（運休中）に出るが、そのまま

下って**大野山入口バス停⑥**から新松田駅まで富士急湘南バスを利用して新松田駅へ。ただし、本数は1日9〜18本程度なので、事前に発車時刻を調べておこう。また、**大野山入口バス停⑥**から山北駅まで歩いても20分程度。疲れていないようなら歩いてみるのもいい。

💧 **水場**　コース上に上質な水場はない。事前に用意しておく必要がある。谷峨駅前に商店はない。必要な物は遅くとも新松田駅前で購入すること。

🚻 **トイレ**　谷峨駅前、都夫良野頼朝桜、大野山山頂にある。

●**問合せ先**
山北町役場商工観光課 ☎0465-75-3646
富士急湘南バス本社営業所 ☎0465-82-1361

関東の富士見百景

関東の富士見百景は国土交通省が選定したもので、富士山への良好な眺望を得られる地点を選定し、周辺の景観保全や活用への支援を通じ、美しい地域造りの推進を目的としたもの。選定地から撮影した富士山の写真は随時募集している。詳しくは国土交通省関東地方整備局のホームページ参照。

写真は関東の富士見百景のひとつ大野山からのもので、湿度の低い5月の晴天日に撮影。

登山途中からでも大きな富士山が確認できる

22 | 箱根で最も人気のある 金太郎伝説が残る山に登る

初級

標高	1212m
歩行時間	3時間25分
最大標高差	560m
体力度	★☆☆
技術度	★☆☆

きんときやま
金時山

1/2.5万 地形図	御殿場、関本

登山適期と コースの魅力

	1月	2月	3月	4月	5月	6月	7月	8月	9月	10月	11月	12月
積雪												
コイワザクラ												
ツツジ												
ヨツバヒヨドリ												
ハコネグミ、イワボタン												
紅葉												

展望　金時山山頂からは富士山や大涌谷、主峰の神山などが展望できる。

花　コイワザクラなどの花が見られるのは5月初旬～6月中旬。ツツジもこの頃。

紅葉　例年10月下旬～11月中旬。山麓はヒノキが多く稜線上ではカエデやブナが見られる。

春　ハコネグミ、イワボタンは5月～6月。

夏　樹林帯は濃く、盛夏だと汗を絞られる。

秋　紅葉は10月下旬から始まり11月中旬まで続く。箱根が最も美しい季節。

冬　積雪も多く山登りには不向きだが、金時山山頂はにぎやか。12月12日は金時山の日。

道標に金属製の金太郎像が乗っている

アクセス

新宿駅 — 小田急小田原線 快速急行1時間30分 910円 → 小田原駅 — 箱根登山バス 桃源台行 1時間 1120円 → 仙石バス停 — 3時間25分 → 乙女峠バス停 — 小田急ハイウェイバス バスタ新宿 2時間45分 2240円 → 新宿駅南口

※箱根登山鉄道で箱根湯本駅まで行き、そこからバスで仙石バス停に向かう方法もある。

小田原駅東口から桃源台行きのバスは、30分に1本程度の間隔で運行されている。仙石で下車したら、公時神社方面へ進む。25分ほどで公時神社だ。ここが登山口になる。下山口の乙女峠バス停からはバスタ新宿（新宿駅南口）行きの高速バスが便利。1時間に2～3本運行。料金は季節で変動がある。

金太郎伝説が点在する ルートを歩く

コースガイド

仙石バス停❶で下車し、そのままバス通りを進む。山の麓に鎮座する**公時神社❷**が登山口で、駐車場奥の階段を登ると神社の境内に出る。金太郎のモデルになったといわれる平安時代の武将、坂田公時を祭神とし、本殿前には金太郎がクマと相撲をとったといわれる土俵があり、マサカリが安置されている。登山の無事を祈願して出発する。

登山道は本殿の一段下から北に延びている。歴史を感じさせるような針葉樹の大木に囲まれた道を進む。途中には風化して文字がはっきりしないが、坂田公時の碑や金太郎が蹴落としたといわれる金時手鞠石などがある。さ

①金太郎がクマと相撲をとった土俵やマサカリがある公時神社。②公時神社から金時山へ向かう登山道。歩き始めは大小の岩が転がるが、歩きにくい道ではない

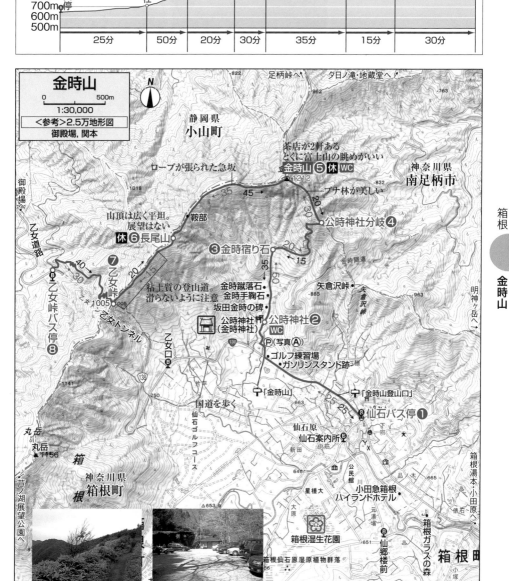

高さ強調2.5倍

1500m						
1400m						
1300m						

1km　　2　　3　　4　　5　　6

❶仙石バス停
❷公時神社
❸金時宿り石
❹公時神社分岐
❺金時山　1212
❻長尾山
❼乙女峠
❽乙女峠バス停

1500m 1400m 1300m 1200m 1100m 1000m 900m 800m 700m 600m 500m

25分　50分　20分　30分　35分　15分　30分

金時山

0　　　　500m
1:30,000

<参考>2.5万地形図
御殿場, 関本

N

静岡県
小山町

足柄峠へ
夕日ノ滝・地蔵堂へ

神奈川県
南足柄市

茶店が2軒ある
とくに富士山の眺めがいい
▲金時山 ❺休 WC
1212

ロープが張られた急坂

ブナ林が美しい

35　45→　20
30

御殿場

乙女道路

山頂は広く平坦。
展望はない
休 ❻長尾山

鞍部

❹公時神社分岐

❸金時宿り石

矢倉沢峠

40
30　20
❼乙女峠
1005　1005
乙女トンネル

粘土質の登山道。
滑らないように注意

金時蹴落石・
金時手鞠石・
坂田金時の碑

公時神社
（金時神社）

❷公時神社
WC

明神ヶ岳へ

乙女口
❽乙女峠バス停❽

❿写真Ⓐ

ゴルフ練習場
ガソリンスタンド跡

「金時山」

「金時山登山口」
❶仙石バス停❶

国道を歩く

丸岳
▲1156

神奈川県
箱根町

仙石原
仙石案内所

小田急箱根
ハイランドホテル

箱根湯本・小田原へ

❽仙郷楼前

箱根ガラスの森

箱根

田

桃源台へ

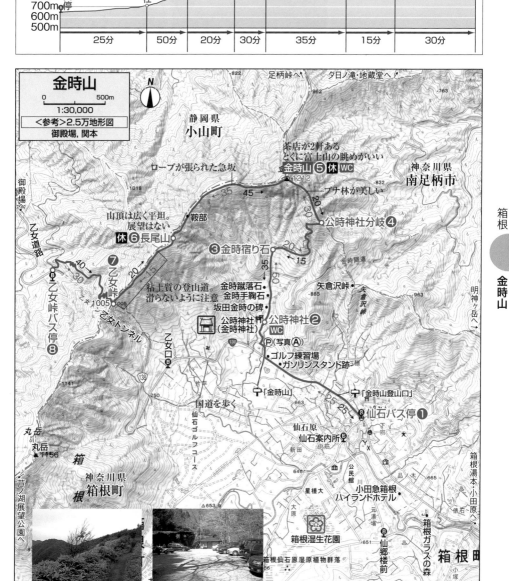

山頂から長尾山へ向かう道
Ⓐ公時神社の駐車場

箱根

金時山

③公時神社奥の院に祀られた大岩。④公時神社分岐。明神ヶ岳、火打石岳から向かってくる稜線との合流点だ。⑤公時神社分岐から金時山に向かう道。こうした岩が転がる箇所もあるが、子どもでも危険なく登ることができる。⑥金時山山頂手前の岩場。すぐにクリアできる。⑦公時神社境内に安置されたマサカリ。⑧公時神社にある土俵。金太郎がクマと相撲をとった場所だ

らに登っていくと林道を渡る。その先に奥の院がある。道標に従って登山道を右に入れば、大きな岩の下に小さな祠が祀られている。以前はここにマサカリも祀られていたが、現在はなくなっているようだ。

登山道に戻って進むと、**金時宿り石❸**という大岩の下に出る。金太郎と母親の山姥がこの下で夜露をしのいだと伝わる由緒ある岩だ。岩が大きく縦に割れているのは、あまりの寒さにさすがにこの大きさの岩でも耐えきれなかったとの伝説につながっている。

金時宿り石の前は小さな広場になっているので、ここでしばらく休憩しよう。その先、宿り石左の急坂を登っていく。登りきると宿り石の上部に出る。ここからは平坦な道になるが、ほどなく再び登り勾配の道になる。樹林帯をジグザグに登っていく。最も辛い箇所だ。立ち休みを繰り返しながら登るようにしよう。

前方が開けてきたら**公時神社分岐❹**に出る。ここで箱根外輪山の一角をなす稜線に乗ったことになる。右へ行けば明神ヶ岳から明星ヶ岳方面へ、左に進路をとれば金時山から丸岳、長尾峠、三国山に行くことができる。ここでは目指す金時山へ通じる左へ進む。

上空が抜けた明るい登山道だ。最初のうちは展望はないが、岩の多い場所に出ると、左に大涌谷や神山が見えるようになる。岩の多い道をわずかに登ると**金時山❺**山頂だ。

下山は
乙女峠方面へ

この頂上は広くて解放的。ただし、岩が露出しているので、転ばないように注意しよう。山頂標識の右に富士山が大きく見え、雄大な眺めが堪能できる。2軒の茶店とトイレがある。ベンチもあるが、最も座りたくなる山頂標識前のベンチは茶店利用者優先らしいので、適当な岩の上に腰を下ろし、弁当を広げるといいだろう。

下山は乙女峠方面へ。茶店を背にして、右下に見える道に入る。すぐに急下降になり、大きくえぐれた箇所や溶岩が露出した部分もあるので、ゆっくり下ろう。ロープが張られ

金時山の山頂。茶店が2軒建ち連日登山者で混雑している

た箇所では、それを頼ろう。鞍部まで下って登り返せば**長尾山❻**。ここから乙女峠までは下りに下る。傾斜はそれほどでもないが、火山性の土は滑りやすい。とくに、雨上がりには要注意だ。左にベンチが見えてきたら**乙女峠❼**。

峠には富士山を展望できる櫓がある。ここからの富士山も山頂からの眺めと遜色はない。峠から直進するのは丸岳から長尾峠へ向かう道。ここでは右、乙女峠へ下ろう。

ミズナラやカエデ類の樹林帯を小刻みに曲がりながらジグザに下る。国道138号に出たら右へ。すぐに**乙女峠バス停❽**がある。ここから高速バスで新宿駅まで戻る。

水場 コース中に水場はないので、事前に用意すること。

トイレ 登山口の公時神社と金時山山頂にある。山頂のトイレはチップ制で1回100円。

●問合せ先
箱根町総合観光案内所 ☎0460-85-5700
箱根登山バス小田原営業所 ☎0465-35-1271
小田急箱根高速バス ☎03-5438-8511

金太郎伝説

地蔵堂に住む八重桐という娘が縁あって坂田氏に嫁いだのだが、一族の争いから逃れるため地蔵堂の屋敷に戻り近くの夕日の滝の水を産湯に使い大きな男の子を生んだ。この子が金太郎で幼い時から屋敷内にある大きな岩に登ったり、金時山で動物たちと遊んで育った。その内に金太郎は足柄山の怪童といわれるようになり、源頼光の家来に取り立てられ、坂田公時と改名。渡辺綱や碓井貞光、卜部季武らとともに頼光の四天王といわれるようになった。そして、酒呑童子を退治してその名を天下に轟かせた。頼光亡き後は足柄山に戻ったとされているが、その後の消息はよくわかっていない。公時神社からの登山道に「金時手鞠石」や「坂田公時の碑」がある。

金太郎が蹴落としたと伝わる金時蹴落石。物凄いパワーだ

23 金時山から芦ノ湖を眼下に
神奈川と静岡の県境を南下する

初・中級

標高	1212m
歩行時間	5時間50分
最大標高差	560m
体力度	★★☆
技術度	★☆☆

きんときやま〜まるだけ

金時山〜丸岳

| 1/2.5万地形図 | 御殿場、関本、裾野、箱根 |

登山適期とコースの魅力

	1月	2月	3月	4月	5月	6月	7月	8月	9月	10月	11月	12月
		積雪				コイワザクラ					紅葉	
						ツツジ				ヨツバヒヨドリ		
					ハコネグミ、イワボタン							

展望　金時山山頂からの展望に加え、未だ入山禁止の箱根山を左に眺めながら快適に歩く。
花　稜線で確認できるのはアブラチャンやマメザクラ。登山道にはハコネザサが茂る。
紅葉　例年10月下旬〜11月中旬。山麓はヒノキが多く稜線上ではカエデやブナが見られる。

春　ハコネグミ、イワボタンは5月〜6月。
夏　樹林帯は濃く、盛夏だと汗を絞られる。
秋　紅葉は10月下旬から始まり11月中旬まで続く。箱根が最も美しい季節。
冬　積雪が多く12月〜3月の稜線歩きは事前の情報収集が必要。

金時山山頂から眺める迫力のある富士山

アクセス

| 新宿駅 | → | 小田急小田原線 快速急行1時間30分 910円 | 小田原駅 | → | 箱根登山バス 桃源台行 45分 1120円 | 仙石バス停 | → | 5時間50分 | 桃源台バス停 | → | 小田急ハイウェイバス バスタ新宿行 2時間45分 2240円 | 新宿駅南口 |

※箱根登山鉄道で箱根湯本駅まで行き、そこからバスで仙石バス停に向かう方法もある。

小田原駅東口から桃源台行きのバスは、30分に1本程度の間隔で運行されている。仙石で下車したら、公時神社方面へ進む。20分ほどで公時神社だ。ここが登山口になる。下山口の桃源台バス停からはバスタ新宿（新宿駅南口）行きの高速バスが便利。1時間に1〜2本運行。もちろん、箱根湯本駅か小田原駅で電車に乗り継いで帰るのもいい。

コースガイド

数多く金太郎伝説が残る金時山に登る

小田原からの直通か、箱根湯本でバスに乗り継ぐかで**仙石バス停❶**へ。バス通りをそのまま進むと、**金時ゴルフ練習場❷**の先、右側に公時神社が現れる。金太郎のモデル、坂田公時を祀る神社だ。無事を願い、出発する。

針葉樹の大木に囲まれた道を登る。途中には坂田公時の碑や金太郎が蹴落としたといわれる金時手鞠石などがある。その先にある金時宿り石は、金太郎と母親の山姥が夜露をしのいだといわれる所。大きな岩に刻まれた縦の亀裂は寒さのせいといわれ、自然の厳しさを教えてくれる。

小さな広場がある金時宿り石の前で小休止

①金時山からの下り始めではこうした岩があるが、問題なく歩くことができる。②平坦な長尾山。展望はない。③乙女峠。富士山の展望がいい。丸岳山頂。後方には大きなアンテナがある

した後、石の左にある急坂を登る。登りきった宿り石上部からはしばらく平坦な道になる。再び樹林帯をジグザグに登るが、ここがコース屈指の急勾配だ。立ち休みを繰り返しなが

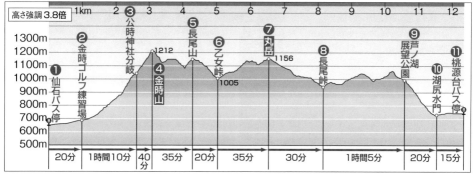

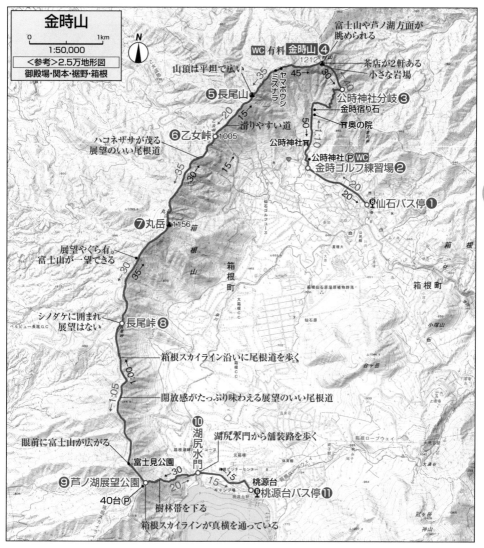

⑤仙石原に下る分岐点手前から芦ノ湖を眺める。⑥芦ノ湖展望公園から駒ヶ岳、芦ノ湖を眺める。⑦金時山山頂。岩山だということがわかる。⑧芦ノ湖展望公園の広場。絶好の休憩場所

ら登ろう。

　前方が開けてくると、稜線上の**公時神社分岐❸**に出る。ここを左に進むと、やがて大涌谷や神山を望み、強羅を見下ろすようになり、**金時山❹**に着く。茶店が2軒のほか、トイレもある山頂は広く、富士山が大きく眺められる。

　山頂から南西、乙女峠を目指す。茶店を背に、右下に見える道に入る。急勾配の下りや岩が露出した部分、ロープが張られた箇所などでは、とくに慎重に。下って登り返すと**長尾山❺**。ここから乙女峠へはひたすら下る。

富士山や芦ノ湖の眺めを
存分に楽しもう

　十字路の**乙女峠❻**を直進、桃源台に向けて稜線を進む。すぐに道は登り始め、ハコネザサに囲まれるようになる。小さなピークの先、正面にパラボラアンテナが見えたら、大きく下って登り返す。丸太の階段を登れば、先ほど見えたアンテナが建つ**丸岳❼**山頂で、芦ノ湖や大涌谷が眺められる。その名称に違わず、丸くて開放的だ。後方には金時山も見える。ベンチも2台あり、展望を楽しみながら休憩できるのがうれしい。時間が許す限り、のんびりしたい。

　丸岳から左に箱根のシンボルのひとつでもある芦ノ湖を見ながら進む。道の右側はハコネザサに遮られ、展望を楽しむのは難しい。ゆるく下り、水平歩行になると富士見台という富士山の展望地がある。ここには小さな櫓が組まれていて、開放的な眺めを満喫できる。富士見台を過ぎると樹林帯のなかの道になる。シノダケに覆われた道に変われば、ほどなく**長尾峠❽**に着く。左に仙石原に下る道があるだけで、休憩スペースも展望もないので、立ち休みするだけで通り過ぎる。

　下っていく先に、箱根スカイラインの駐車場がある。ここからひと登りし、小さなピークを越えて下りになると、芦ノ湖が眼下に広

金時山山頂からの眺め。箱根エリアの山々や芦ノ湖、強羅方面が展望できる

がる。右側の視界も開け、裾野市街や富士山も見えるようになる。下りきると再び箱根スカイラインに出合う。丸太の階段を登り返せば富士見公園だ。名前の通り、富士山の眺めがみごと。

　ここからさらに丸太の階段を登ると、小さなピークに出る。前方の右には**芦ノ湖展望公園❾**が見える。ここから下って湖水門の道標が立つ分岐を右に行けば公園に着く。寄り道にはなるが、この素晴らしい展望をぜひ目に焼き付けたい。

　十分に楽しんだら、先ほどの湖水門の道標

が立つ分岐まで戻り、芦ノ湖に向かって下っていく。足場の悪い石混じりの道を歩く。雑木林に入ると土の道になり、小さくジグザグを繰り返すようになる。竹林を下れば早川口に到着。ここから車道を左へ、**湖尻水門❿**を過ぎると、**桃源台バス停⓫**がある。

水場　コース中に水場はないので、事前に用意すること。
トイレ　公時神社と金時山山頂、桃源台にある。金時山山頂のトイレはチップ制で1回100円。

●問合せ先
箱根町総合観光案内所 ☎0460-85-5700
箱根登山バス小田原営業所 ☎0465-35-1271
小田急ハイウェイバス ☎03-5438-8511

長尾峠からのエスケープルート

稜線歩きで一番問題なのは風が強い時。歩行に支障をきたすような場合は、芦ノ湖展望公園まで行かずに長尾峠から耕牧舎跡まで下り、そこから桃源台バス停まで歩くか、耕牧舎跡から湿生花園方面へ向かい仙石案内所まで行くといい。ここから箱根湯本駅方面に向かうバス便がある。時間があれば湿生植物が展示された湿生花園を見学するのも楽しい。

さまざまな植物が展示された箱根湿生花園

24 箱根を代表する3山を縦走する
歩きごたえのある縦走ルート

中・上級

標高	1212m
歩行時間	8時間
最大標高差	770m
体力度	★★★
技術度	★☆☆

みょうじょうがたけ～みょうじんがたけ～きんときやま

明星ヶ岳～明神ヶ岳～金時山

1/2.5万
地形図 御殿場、関本、
裾野、箱根

登山適期と
コースの魅力

	1月	2月	3月	4月	5月	6月	7月	8月	9月	10月	11月	12月
		積雪			コイワザクラ						紅葉	
						ツツジ		ヨツバヒヨドリ				
					ハコネグミ、イワボタン							

展望 明神ヶ岳、金時山の山頂からの展望は良好だが、明星ヶ岳からの眺めはない。
花 ヤマボウシやウツギ、シモツケソウ、ホタルブクロ、ウメバチソウ、シシウドなど。
紅葉 稜線上では11月上旬くらいから始まり次第に麓に下りていく。

春 落葉樹が芽吹く頃。山全体が緑色に染まる。
夏 盛夏は蒸し暑く登山向きではないが、山域はシロバナナイナモリソウ、シモツケソウが咲く。
秋 箱根名物はススキの穂波。とくに仙石原には多くの観光客が訪れる。
冬 雪がなければ歩けるが、凍結に要注意。

矢倉沢峠にあるうぐいす茶屋。不定休

アクセス

新宿駅	→	小田原駅	→	箱根湯本駅	→	強羅駅	→		→	仙石バス停	→	小田原駅	→	新宿駅

小田急小田原線
快速急行
1時間30分
910円

箱根登山鉄道
15分 770円
(強羅駅まで)

箱根登山鉄道
40分

8時間

箱根登山バス
1時間
1120円

小田急小田原線
快速急行
1時間30分
910円

時間が合えば小田急のロマンスカーを利用して箱根湯本まで行くのも便利。ロマンスカーの新宿始発は7時。乗車時間

は1時間25分。料金は2470円。東京駅から小田原駅まで新幹線を利用、箱根登山鉄道に乗り換える方法もある。

マイカー 登山には向かないが、箱根湯本駅近くに駐車して強羅駅まで登山鉄道で行き、スタートする。

コースガイド

まず箱根大文字焼の
山を目指す

こうら
　強羅駅❶を出て、線路を渡って2本目の道を左へ行くと、右に下る階段が見えてくる。ここを下って宮城野橋を渡り、明星ヶ岳、明神ヶ岳の道標に従って住宅街の道を進む。右に老人ホームが見えてきたら、そこで左に曲がる。少しずつ登り勾配がきつくなると、後方に二子山が見えてくる。勾配が落ち着くあたりに明星ヶ岳、明神ヶ岳の**登山口❷**がある。登山口の前で靴紐とザックベルトのゆるみを確認して、登山道に踏み入れる。

　最初は樹林帯の中を小さく不規則に曲がりながら登るが、やがて送電線沿いに進む。展
おおわくだに
望のない道から急に、大涌谷が見えた開けた

①強羅駅から車道に出たら道標に従って進む。②明星ヶ岳山頂は登山道からわずかに入った左側にある。③登山口から稜線に乗るまではこうした展望のない藪道の部分が多い

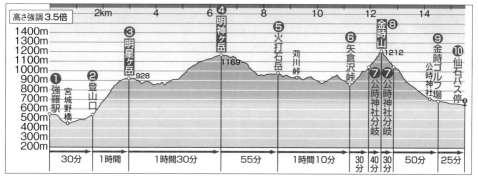

高さ強調3.5倍

2km 4 6 8 10 12 14

1400m 1300m 1200m 1100m 1000m 900m 800m 700m 600m 500m 400m 300m 200m

① 強羅駅 宮城野橋
② 登山口
③ 明星ヶ岳 928
④ 明神ヶ岳 1169
⑤ 火打石岳
苅川峠
⑥ 矢倉沢峠
金時山 1212 ⑧
⑦ 公時神社分岐
⑦ 公時神社分岐
⑨ 金時公時神社
⑩ 仙石バス停

30分 1時間 1時間30分 55分 1時間10分 30分 40分 30分 50分 25分

明星ヶ岳〜
明神ヶ岳〜金時山

0 1km
1:55,000

<参考>2.5万地形図
御殿場・関本・裾野・箱根

2軒の茶店がある
⑧ 金時山 1212
富士山や芦ノ湖、駒ヶ岳の展望がいい
作業道立入禁止の看板
広い尾根道
正面に金時山が見える

金時宿り石 奥の院
公時神社分岐
茶店があるが休みの日も多い
963
展望のない道
ウメバチソウ・ハコネアザミ
明神ヶ岳 ④ 1169
山頂は広く、富士山や金時山の展望がいい

公時神社口 WC
⑦ 公時神社分岐
⑥ 矢倉沢峠
苅川峠
958
1:05
1:10
1:10

P
金時ゴルフ場 ⑨
⑩ 仙石バス停
1:10
▲988.4
⑤ 火打石岳
山頂へはヤブが続く
マツムシソウ・ワレモコウ
シモツケソウ・ホタルブクロ
鞍部
1:15
1:30

箱根山

箱根町

みはらしコース分岐
大文字焼が行われる場所
送電線沿いに登る
③ 狭い山頂
明星ヶ岳 928.3
1:00
45
ハコネザサ

宮城野商店橋
① 強羅駅
20
30
② 登山口
明神ヶ岳の道標
老人ホーム

④明星ヶ岳から明神ヶ岳にかけての稜線は、背丈よりも高い草木に覆われていることが多い。⑤明神ヶ岳山頂。その姿が特徴的な金時山の景観が印象に残る。⑥火打石岳山頂。展望はなく、山頂らしさもない。⑦明神ヶ岳からの道が交わる公時神社分岐。⑧金時山手前の岩場。⑨金時山の直下南斜面

場所に出る。箱根大文字焼が行われる所だ。ここから樹林帯をわずかに登ると稜線合流点に着く。平坦な稜線を東に少し進んだ所が**明星ヶ岳❸**。小さな祠と石碑がある。

　明星ヶ岳から稜線合流点まで戻り、明神ヶ岳を目指す。道の両側が樹木に覆われることもあるが、登山道は歩きやすい。奥和留沢みはらしコース分岐点を右に見送り、小さくアップダウンすると鞍部に着く。ここから45分ほど、少しばかり急勾配を登れば**明神ヶ岳❹**。山頂手前からは湘南の海岸線が見える。

　明神ヶ岳山頂は広いが、植生保護のためのロープが張られている中には立ち入らないこと。富士山や特徴的なフォルムの金時山が眺められる。

　明神ヶ岳から尾根道をたどる。左にはガレ場、右に無線中継所が見える。展望に恵まれた道だが、痩せて細いので注意しよう。作業道立入禁止の看板裏手の道には入らないこと。**火打石岳❺**の説明看板で山頂を巻いて進む。ハコネザサが茂る尾根道を軽くアップダウンすると**矢倉沢峠❻**。うぐいす茶屋があり、その前にはベンチが置かれている。

マサカリを借りての
記念撮影も楽しい

　矢倉沢峠から公時神社分岐まで30分ほど。その先は遮るものがなくなり、展望のいい尾根を歩く。多少滑りやすい道を登る。ハコネザサが茂っているが明るく、左に大涌谷や神山、芦ノ湖が眺められる。さらに高度が上がると、金時山の山頂が見える。後方には明神ヶ岳も見えるようになる。勾配がきつくなれば、公時神社分岐はもうすぐ。

　公時神社分岐❼では公時神社から登ってくる道と主稜線が合流する。ここには立派な道標が立っている。岩混じりの道を下ると左側が開け、大涌谷や神山が一望できるようになる。その後、木の階段を登ると岩場が待つ。クサリなどは張られていないが、次の足を置く場所をシミュレーションしながら登ろう。岩場を登りきれば**金時山❽**の山頂に出る。

　岩が多い金時山山頂は広く、2軒の茶店の

明神ヶ岳山頂。整備されて休憩に適している。正面に見えるのが駒ヶ岳

ほか、トイレもある。裾を広げた美しい姿の富士山、南面には大涌谷、神山から芦ノ湖のパノラマが広がる眺めは素晴らしい。

金太郎伝説が色濃く残るこの山は、こどもの日には多くの親子連れが訪れる。茶店でマサカリを借りて山頂標識の前で写真を撮るのが定番になっているらしく、時間帯によっては順番待ちになることもあるようだ。

金時山を堪能したら、往路を公時神社分岐まで戻る。そこからは金太郎伝説の証ともいうべきポイントが点在する樹林帯の道をジグザグに下りていく。金太郎が雨宿りしたとされる金時宿り石や金時手鞠石などを通り過ぎ、土俵やマサカリなど金太郎伝説のシンボルがある公時神社の先には**金時ゴルフ場⑨**がある。国道を左に歩けば**仙石バス停⑩**に着く。

> 💧 **水場** コース上に水場として紹介できる箇所はない。最乗寺から明神ヶ岳に向かう途中に明神水があるが、稜線から往復すると40分ほどかかるので、事前に必要量を持って行くことが大切。
>
> 🚻 **トイレ** 強羅駅のトイレの後はうぐいす茶屋、金時山までない。
>
> ●問合せ先
> 箱根町総合観光案内所 ☎0460-85-5700
> 南足柄市商工観光課 ☎0465-73-8031
> 箱根登山バス小田原営業所 ☎0465-35-1271
> 箱根登山鉄道 ☎0465-32-6823

箱根大文字焼の会場を見に行く

箱根の三大祭りに数えられる「箱根大文字焼」は明星ヶ岳（大文字山）で行われる。起源は大正10年（1921年）、避暑客の慰安と箱根全山の有縁無縁の諸霊を慰めるためのもの。例年8月16日に開催されるが、当日は多くの観光客で箱根の町は混雑する。あえて行く日をずらせば大文字焼が行われる場所に入ることができる。9月でもその「大」の文字跡ははっきりと残っており、まだ焦げたような臭いもする。強羅から明星ヶ岳に向かい稜線に乗る手前左側にその場所がある。展望に優れ、休憩ポイントでもある。

大文字焼の痕跡がはっきりと残っている

箱根

明星ヶ岳〜明神ヶ岳〜金時山

103

25 箱根湯本駅から塔ノ峰、明星ヶ岳を縦走する

初級

とうのみね～みょうじょうがたけ

塔ノ峰～明星ヶ岳

標高	924m（明星ヶ岳）
歩行時間	4時間25分
最大標高差	720m
体力度	★★☆
技術度	★☆☆

1/2.5万地形図　関本、箱根

登山適期とコースの魅力

	1月	2月	3月	4月	5月	6月	7月	8月	9月	10月	11月	12月
	積雪		アセビ				アジサイ				紅葉	
				スミレ・ボケ				シシウド				
				シャガ							ススキ	

展望　箱根の大文字焼が開催される地点から眺める中央火口丘の山々が美しい。
花　往路に通る阿弥陀寺ではアジサイが観られる。登山道では小さな花々が出迎えてくれる。
紅葉　11月上旬くらいから紅葉が観られるようになる。広葉樹の紅葉が美しい。

春　芽吹きの季節になると登山道や斜面では多くの植物が芽吹き、至るところが緑に染まる。
夏　箱根といえども山中は木々が多く、この季節はあまり登山に向いていない。
秋　紅葉見物は10月下旬～11月中旬くらい。
冬　積雪がなければ大丈夫。要事前確認。

ハコネアザミやエイザンスミレが有名

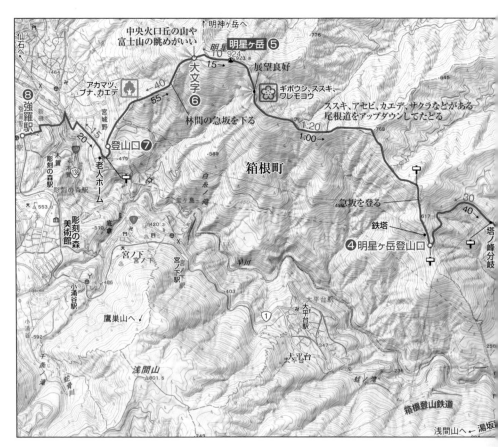

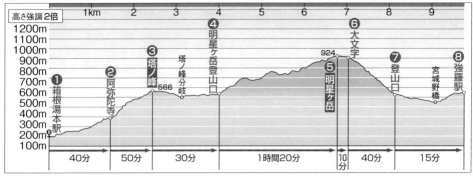

高さ強調2倍		1km	2	3	4	5	6	7	8	9	

エレベーション：
1200m 1100m 1000m 900m 800m 700m 600m 500m 400m 300m 200m 100m

❶箱根湯本駅　❷阿弥陀寺　❸塔ノ峰 566　塔ノ峰分岐　❹明星ヶ岳登山口　924　❻大文字　❺明星ヶ岳　❼登山口　宮城野橋　❽強羅駅

40分	50分	30分	1時間20分	10分	40分	15分

アクセス								
新宿駅	小田急小田原線快速急行/箱根登山鉄道（小田原乗換）2時間 1270円	箱根湯本駅	4時間25分	強羅駅	箱根登山鉄道40分 460円	箱根湯本駅	箱根登山鉄道/小田急小田原線快速急行（小田原乗換）2時間 1270円	新宿駅

箱根湯本駅からスタートする設定だが、箱根湯本駅のひとつ先の塔ノ沢駅から歩き始めてもいい。ただし最初の登り（男坂）が少しきつく感じるかもしれない。新宿駅からロマンスカーを利用するなら、平日の始発は7時37分で箱根湯本駅には9時22分着。土・休日は新宿発7時が始発で箱根湯本駅着は8時26分。

マイカー 不向き。

明星ヶ岳と塔ノ峰

0　　500m
1:30,000
＜参考＞2.5万地形図
関本・箱根

植林に包まれて展望はない

塔ノ峰 ❸ 566

小田原市

卍阿弥陀寺 ❷

アジサイ

❶箱根湯本駅

塔ノ沢駅

かっぱ天国

コースガイド

箱根湯本のにぎわいを後に登山道を塔ノ峰へ

　観光客でにぎわう**箱根湯本駅❶**から出発する。改札を出たらそのままエスカレーターで1階に下りる。右手に見える箱根登山鉄道の線路をくぐり、舗装された道を歩く。すぐに登り勾配の道になる。北原ミュージアムを過ぎるころには、さらに勾配がきつくなる。振り返ると箱根湯本の町並みが眼下に広がる。野外施設のフォレスト・アドベンチャーを過ぎると、塔ノ沢駅方面と阿弥陀寺、塔ノ峰方面との分岐に着く。

　ここまででかなり体力を消耗させられた印象があるだろう。

①阿弥陀寺から本格的な登山道になる。②阿弥陀寺からは寺の脇の柵沿いを登る。③明星ヶ岳の下山口（強羅寄り）。④明星ヶ岳登山口

105

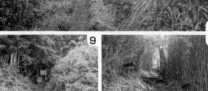

⑤樹木や様々な植物に囲まれた尾根道。⑥明星ヶ岳登山口から入ると、ここで直角に曲がり少しずつ高度を稼ぐことになる。⑦明星ヶ岳手前の道。⑧明星ヶ岳山頂の鳥居。⑨明星ヶ岳山頂。⑩明星ヶ岳からの下山道には笹藪もある。⑪阿弥陀寺へ向かう道

分岐でしばらく休憩した後、阿弥陀寺に向けて右へ歩く。道は広く完全舗装されているが、登り勾配がきつい。

勾配がきつくなると何回か大きくジグザグに登るようになる。道端に地蔵が現れると**阿弥陀寺❷**が見えてくる。ほんのひと息で本堂前に出る。この寺は弾誓上人が開いた箱根の古刹。上人が修行したといわれる岩屋が寺の裏にあり、その由緒を物語る。登山の無事を祈願し、本堂の右手に回る。塔ノ峰の道標に従って登山道に入ろう。

登り始めは岩がゴロゴロ転がる竹林。状況によっては、倒れた竹と岩が絡んでいることもあるので、注意しよう。岩は苔むしたものが多い。ここをほぼ直登していく。5分ほどで抜けると、石の階段登りになる。勾配がきついので気をつけよう。

登山道が土に変わるとヒノキ林を登るようになる。若干勾配が落ち着くと、塔ノ峰まで

15分の道標が現れる。直線的な登山道を詰めれば**塔ノ峰❸**の山頂に着く。

箱根外輪山の稜線をたどって進む

山頂は小広いが、直射日光も展望も期待できない。北東に向かう登山道はすぐに荒れてしまう。ここは左に下る登山道を進み、明星ヶ岳へ向かう。

明るい斜面に造られた階段状の道を10分ほどで林道に下り立つ。そこを左に進み、明星ヶ岳登山口へ行く。舗装された林道は歩きやすく快適だ。ただし、この区間は頻繁に車が通るので、くれぐれも注意しながら歩くようにしよう。途中で、左下に湯本付近の町並みが見える。塔ノ峰分岐から20分ほどで**明星ヶ岳登山口❹**に着く。

階段を登って山道に入る。最初は直線的に登る。基本的には防火帯のような広い登山道だが、下刈りされず背丈まで伸びた草木の中を進むこともある。下刈り時期は例年7〜8月ころらしいが、登山口から山頂まですべて刈られないこともある。草木さえなければ二子山や神山方面を見通すこともできるのにと少しばかり恨めしくも思う。

40分ほど登ると勾配はゆるみ、歩きやす

💧 **水場**　山中のコース上に水場はない。そのため事前に用意する必要がある。

🚻 **トイレ**　箱根湯本駅、阿弥陀寺、強羅駅にあるが、コース上にはない。

●**問合せ先**
箱根町総合観光案内所 ☎0460-85-5700
箱根登山鉄道 ☎0465-32-6823

明星ヶ岳から明神ヶ岳に向かう地点から眺める強羅方面。神奈川と静岡の県境の山が見えている

くなる。天気がよければ富士山も見られるようになる。大きな岩を越えると後方に相模湾が広がり、**明星ヶ岳❺**に到着する。

明星ヶ岳は尾根上にある。小さな祠と山頂標識がなければ、通り過ぎてしまいそうな所だ。道が広いので、適当な場所でランチタイムとしよう。

明星ヶ岳から目の前の尾根道を進むとすぐに稜線分岐点に出る。強羅駅はここを左に下ることになる。右は明神ヶ岳へと通じる道だ（詳しくはP108の22明星ヶ岳〜明神ヶ岳〜金時山を参照）。

最初は比較的平坦で広い道だが、すぐに細い登山道を下るようになる。わずかな時間で右斜面が開けた所に着く。ここで毎年**大文字焼❻**が行なわれる。展望がいいのでしばし休憩したい。

ここから樹林帯を下るのだが、滑る箇所も多いので注意しながら歩こう。30分余りで**明神ヶ岳登山口❼**に下り着く。ここから舗装

路を大きく下る。正面には二子山が見えるので、立ち休みをしながら展望を楽しむ。民家が現れると勾配がゆるみ、老人ホームの前に出る。ここを右折した後、直進して宮城野橋を目指す。橋を渡ってすぐに右の小道に入る。続いて左に少し長い階段が現れる。これを登りきれば**強羅駅❽**は近い。箱根湯本駅までスイッチバックや出山の鉄橋など、わが国屈指の山岳電車の風情を存分に楽しもう。

塔ノ峰

西インドの阿育（アショーカ）王が仏舎利塔（釈迦の遺骨）を宝塔に安置。そのひとつが、この山の中腹にある阿弥陀寺の岩屋で見つかった。そのことから、ここを塔ノ峰と呼ぶようになったといわれている。また、塔ノ峰山頂には小田原北条氏の出城跡が残っている。

樹木に囲まれ展望には恵まれない塔ノ峰山頂

107

26 | 洒水の滝を見学してから矢倉岳へ向かう

初・中級

標高	870m
歩行時間	4時間50分
最大標高差	760m
体力度	★★☆
技術度	★☆☆

しゃすいのたき〜やくらだけ

洒水の滝〜矢倉岳

1/2.5万地形図　山北、関本

登山適期とコースの魅力

	1月	2月	3月	4月	5月	6月	7月	8月	9月	10月	11月	12月

キンポウゲ　ヤマユリ　紅葉
ミツマタ　カタバミ

展望　矢倉岳山頂からは富士山や金時山、明神ヶ岳などのほか相模湾を望むことができる。
花　キンポウゲやカマツカ、ミツマタ、ミツバウツギ、フタリシズカ、ヤマツツジなど。
施設　設定コースは神奈川県立21世紀の森を通る。土・日・祝日には軽食堂が営業される。

春　新緑は4月中旬頃からが見頃。
夏　21世紀の森の木々が眩しいくらいに輝く季節。この時期に登るなら暑さ対策は完璧に。
秋　オオモミジなどの紅葉は11月中旬から12月の上旬。森林浴を兼ねた登山がおすすめ。
冬　雪がなければ大丈夫。登山道の凍結に注意。

迫力のある洒水の滝。観瀑台からの眺め

アクセス

新宿駅 → 小田急小田原線 快速急行 1時間15分 800円 → 新松田駅 → 5分 → 松田駅 → JR御殿場線 7分 190円 → 山北駅 → 4時間50分 → 矢倉沢バス停 → 箱根登山バス 15分 350円 → 関本バス停 → 5分 → 大雄山駅 → 伊豆箱根鉄道大雄山線 20分 280円 → 小田原駅 → 小田急小田原線 快速急行 1時間30分 910円 → 新宿駅

洒水の滝と矢倉岳は別々に訪れる人が多いはず。さらに神奈川県立21世紀の森は体験学習ができる施設のため、ファミリーが目立つ。この3ポイントを繋げて歩くコース設定だ。日本の滝100選に選定された「洒水の滝」からひと登りして「21世紀の森」を散策した後、「矢倉岳」に向かう。それぞれの場所での体験が異なり、楽しい。

コースガイド

滝に森、山 それぞれの魅力を堪能

山北駅①周辺はレトロ感が漂う魅力的な所。懐かしい風情が残る商店街を抜け、道なりに進むと体育館が見えてくる。道標に従って左に入り、川沿いを右に歩く。バス通りに出たら左へ。これから向かう山並みが、少しずつ顔を見せてくれるようになる平山②を過ぎる。洒水の滝の道標に導かれるようにして県道を進むと、左側に洒水の滝の大きな看板が見えてくる。ここで右の小さな道に入り、すぐの歩道を左に下る。この道を直進する。

　右に駐車場が見えたら、その前が21世紀の森へ行く林道の入口になる。洒水の滝③へは直進。5分ほどで目の前に滝が見えてくる。

①林道歩きから道標に従って21世紀の森へ向かう。ここから急勾配のない歩きやすい道になる。②21世紀の森の中を抜ける。右に見えるのがトイレが併設された東屋。③簡易舗装の道。クサリを越えて矢倉岳へ。④林の中を進む

手前の赤い橋から先は通行止めになっている。滝は3段に分かれ、その合計の落差は114mにも及ぶ。美しい滝をゆっくり観賞したら、

108

⑤迫力のある洒水の滝。正面の赤い橋辺りが絶好の展望ポイント。⑥矢倉岳山頂。いくつか石柱が立てられている。⑦矢倉岳からの下り始めは土が柔らかい。雨上がりだとぬかるんでいることもある。⑧簡易舗装のような道になると下山口は近い

21世紀の森に向かおう。

歩く人の少ない道を登って 21世紀の森へ

洒水の滝から往路を戻り、駐車場の前の分岐を右に入る。簡易舗装された林道だが、登り勾配はきつく、体力を消耗させられる。できるだけゆっくり歩こう。高度が上がると、右下の緑のなかに先ほど訪れた洒水の滝が見えるようになる。

簡易舗装された**林道終点④**からは土の道になり、道なりに登っていく。樹林帯に延びる道だ。途中に21世紀の森を示す道標もあるが、一本道なので迷いようがない。

21世紀の森の看板が立つ場所から左に登る道がある。そのまま直進してもいいが、ここはテレビ中継所経由で登る左の道を行こう。わずかな時間でテレビ中継所前に出る。ここから未舗装路になる。森林館方面へ進むとクロマツ採種園、スギ採種園前を通る。再び舗装された道になるとトイレが併設された東屋にでる。ここで少し休憩しよう。周囲は大き

な森が広がっている。

体力が回復したら、そのまま直進してセントラル広場を目指す。いつ訪れても森林浴が楽しめるエリアだ。小広い**セントラル広場⑤**からは浜居場城跡経由で矢倉岳に向かう。最初は簡易舗装された道だが、すぐに土の道になり、少しずつ登り勾配が強くなってくる。

緑濃い樹林帯を登って 矢倉岳山頂へ

夏ならたっぷり汗を絞られる少し勾配の強い道を登る。展望のない樹林帯だ。木の根の露出箇所も多いのでなるべく踏まないように注意しながら登ろう。適当な休憩場所はないので、疲れたら立ち休みをしよう。勾配が安定してくると**山伏平⑥**に着く。ここをまっすぐ下れば足柄万葉公園から足柄峠に行けるが、矢倉岳山頂は山伏平を左。樹林帯の中の狭い登山道を進む。滑りやすいのでゆっくり登るようにしよう。20分ほどで**矢倉岳⑦**山頂だ。

矢倉岳山頂は平坦で小広く草原のような場所で落ち着く。展望にも恵まれ、金時山や神

⑨動物避けのゲートを過ぎるとバス停は近い。ゲートの扉は確実に閉めること。⑩住宅街まで下りてきたら、ここから矢倉沢バス停まで行く。⑪矢倉岳山頂から金時山方面の山並みを展望する

山、明神ヶ岳が見えている。以前には展望櫓が置かれていたのだが、今はない。

展望とランチを楽しんだら 矢倉沢に下ろう

矢倉岳山頂に祀られた祠前あたりに登山道がある。そこから下山にかかる。樹木が多く少し暗さを感じる道。下り始めは土が柔らかく登山靴がめり込むような箇所があるので注意しながら下る。このエリアを抜けると歩きやすい登山道になるが、土の流失を防ぐために組まれた丸太を越えて行くようになる。歩幅が安定しないので、少し疲れるが頑張ろう。

このエリアを抜けるとロープの張られた道になる。しかし、頼ることなくクリアできる

はずだ。「ハチの巣注意」の看板には驚かされる。6月～9月には注意が必要だ。

階段状の道に入るとトタン小屋の脇を通る。ここから簡易舗装の道になる。茶畑が広がる場所だ。その先にイノシシ被害対策のためのゲートがある。ここを通過するのだが、ゲートの扉はしっかりと閉めること。

ゲートを抜けたら道なりに下る。そのまま歩くと本村バス停。ここからのバス便は少ないのでこの先の**矢倉沢バス停⑧**まで行き、関本に向かうほうが早い。

💧 **水場**　山中に水場と呼べる場所はない。洒水の滝周辺に自販機、21世紀の森に水道があるが、事前に用意しておこう。

🚻 **トイレ**　洒水の滝、21世紀の森、下山口の本村バス停近くにある。

●問合せ先
神奈川県立21世紀の森 ☎0465-72-0404
山北町商工観光課 ☎0465-75-3646
南足柄市商工観光課 ☎0465-73-8031

山北町循環バス

山北駅舎を出るとクラシックで大きな建物がある。それが山北町の観光案内所。休日には多くの観光客が立ち寄る場所。駅周辺はクラシカルでどこか懐かしさの感じられる建物が多いように思う。観光案内所の前に停まっているのが町内を循環するボンネットバス。町民だけでなく観光目的で訪れた人たちも利用している。

クラシック感いっぱいの山北駅とバス

27 | 小涌谷駅から浅間山、鷹巣山を縦走して畑宿へ

初級

標高	834m（鷹巣山）
歩行時間	2時間45分
最大標高差	434m
体力度	★☆☆
技術度	★☆☆

せんげんやま～たかのすやま

浅間山～鷹巣山

1/2.5万地形図	箱根

登山適期とコースの魅力

	1月	2月	3月	4月	5月	6月	7月	8月	9月	10月	11月	12月
アブラチャン												
桜												
アジサイ												
コアジサイ												
ヤマボウシ												
マユミの実												
紅葉												

展望 広く開放感に満ちた浅間山だが、現在入山禁止の駒ヶ岳方面の展望が広がるだけ。
滝 コース上に千条の滝と飛竜の滝のふたつがあり、観光スポットにもなっている。
紅葉 イロハカエデなどの紅葉が美しい。年によって見頃は若干変動。10月中旬以降がベスト。

春 3月中旬過ぎくらいからが春本番。
夏 涼を求めて千条の滝と飛竜の滝を訪れる人が増える。樹林帯は暑いので水は多めに持っていくこと。
秋 10月中旬過ぎ～11月中旬が紅葉の見頃。
冬 雪がなければ登れるが、道がぬかることも。

小涌谷駅から5分の所に立つ道標

アクセス

新宿駅 — 小田急小田原線快速急行/箱根登山鉄道（小田原乗換）2時間30分 1620円 — 小涌谷駅 ···  2時間45分 ··· 畑宿バス停 — 箱根登山バス 20分 410円 — 箱根湯本駅 — 箱根登山鉄道/小田急小田原線快速急行（小田原乗換）2時間 1270円 — 新宿駅

往路、復路で小田急線の特急ロマンスカー（全席指定）を利用すると、新宿駅～箱根湯本駅の乗車時間は1時間30分に短縮される。上記区間の乗車券と特急券の合計金額は2280円。箱根登山鉄道は勾配の強い箇所を上り下りするため、スイッチバックしながら進むことで知られている。スイッチバックは3回。初めて見る人は面白いはず。

コースガイド

千条の滝を見物してから登山道に入り浅間山へ

箱根登山鉄道の**小涌谷駅❶**から、住宅街を抜けて砂利道に入るとすぐに**千条の滝❷**に着く。大きな岩に幾筋もの水が落ちるきれいな滝だ。滝の前に鑑賞用のベンチがあるので、しばらく休憩。ここまでは観光客も多い。

ひと息入れたら浅間山の道標に従って山道に入る。すぐに鷹巣山への分岐があるので、ここを右へ。ほとんどの登山者は分岐を直進して浅間山を目指している。

鷹巣山へは樹林帯の斜面に延びる道を登るようになる。大きく斜面を直登したり、ジグザグを切りながら登る。樹林帯はよく手入れされていて、日光を遮るほどではない。登山

千条の滝から浅間山方面への登山口。木橋を渡る手前で振り返って優美な姿を今一度脳裏に刻んでおこう。

浅間山の山頂。多くの登山者が訪れている。歩きやすいという証だ

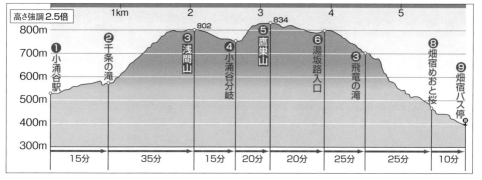

浅間山〜
鷹巣山

0　　　　　500m
1:25,000
<参考>2.5万地形図
箱根

① 小涌谷駅

強羅へ

ヒノキの植林の中の急下り

❀カエデ

② 千条の滝

鷹巣山から眺めた駒ヶ岳（左）
と二子山（右）

下への道を分ける

浅間山 ③ 休芝生の広場
802
桜 ツバキ
ヤマボウシ

植栽のアジサイの中を
ゆるやかに登っていく

少しの間、急な
ジグザグの道をゆく

ヤマボウシ❀

（写真Ⓒ）

小涌谷分岐 ④
すべりやすい石骨の道

鷹巣山 ⑤ 休ベンチ
834

花ゴルフ場　駒ヶ岳、二子山の展望がよい

❀アジサイ

左側（西側）の展望が開ける

箱根町

❀カエデ ❀桜

草原状の広い道

湯坂路入口 ⑥

芦之湯

•フラワーセンター

（写真Ⓑ）

休ベンチ
⑦ 飛竜の滝

❀アブラチャン

畑宿めおと桜 ⑧
ベンチ

急なコンクリートの道

「飛竜の滝 0.5km」

石仏群　上二子山
1,099
▲二子山
1,091

木橋を渡る
沢へ下る道を分ける

「芦の湯へ1時間10分」
（写真Ⓐ）

「飛竜の滝自然歩道入口」

寄木会館

畑宿バス停 ⑨ WC

朝日滝

Ⓒ小涌谷分岐の道標。
鷹巣山林道が交差する

Ⓑ飛竜の滝入口の道標

Ⓐ間違いやすい分岐。
「芦の湯」の方へ向かう

①観光客や登山客など、訪れるすべての人に感動を与える千条の滝。②鷹巣山山頂。北側の展望が開けている。このベンチが特等席になる。③多少荒れた箇所もあるが、基本的に問題はないはず。初心者でも大丈夫だ。④鷹巣山に向かう階段状の道。滑りやすいので若干注意が必要

道も雨天直後でなければ登山道も乾いている。千条の滝から**浅間山③**を経て**小涌谷分岐④**に着く。

　ここで進路を右にとり、登り勾配のきつい道を登る。ただし、岩場など危険な箇所はない。靴底には温かくやわらかな土の感触が伝わってくる。小涌谷分岐から20分ほどで**鷹巣山⑤**の山頂に到着する。

　山頂は日当たりがよく、ベンチとテーブル

水場　コース上に滝が2本あるが水場はない。出発前や乗換え駅で用意しよう。小涌谷駅前に自販機がある。

トイレ　小涌谷駅と畑宿にある。

●**問合せ先**
箱根町総合観光案内所　☎0460-85-5700
箱根登山鉄道　☎0465-32-6823

が設置されている。二子山や神山、金時山が見えている。展望を楽しみながら少し休憩していこう。

飛竜の滝から畑宿に下山して
バスで箱根湯本駅に戻る

　鷹巣山から湯坂路（ゆさかみち）と命名された登山道を下る。右手には駒ヶ岳や神山が見えている。10分ほどで左に道が分岐する地点に着く。傍らには**湯坂路入口⑥**の道標がある。ここで左へ。意外に深い樹林帯を下る。足元はきれいに手入れされた木の階段だ。ここを20分ほど歩くと飛竜の滝分岐に到着。この分岐から5分ほどで上段15m、下段25mと二段に分かれた**飛竜の滝⑦**に着く。この滝は鎌倉時代、修験者たちの修行の場だった所。今なお厳かな雰囲気に支配されている。神奈川県下では最

⑤本コースの目玉になる飛竜の滝。迫力のある流れにファンが多い。時間をかけてゆっくりと観賞してみよう。⑥飛竜の滝の説明看板。⑦畑宿にある観光客用のトイレ。いつも清掃されている。ありがたく使わせて頂こう。⑧畑宿のメインストリート。箱根の寄木細工を製作販売する店が並ぶ。また畑宿には本陣跡が残っている。⑨畑宿寄木会館。寄木細工の歴史のほか、寄木のコースター作りなどが体験できる

大規模の滝だ。後続の見物客が現れるまで展望テラスでゆっくり見学しよう。

　飛竜の滝分岐まで戻ったら右へ。登山道を畑宿方面へ下る。足元には大小の岩が転がっている。転落防止用のロープが張られた道に入る。道幅が狭いのでゆっくり歩くこと。ここを抜けた所に畑宿の道標がある。小さな岩に注意しながらさらに下る。緑が濃く感じられる場所だ。

　沢に沿って歩くようになると小さな木の橋を渡る。すぐに細い電柱の立つ所に出る。その電線に沿うようにして下る。しばらく行くと勾配が穏やかになり道幅が広がる。山仕事をする人たちの自動車が通るようだ。すぐの道端に畑宿への道標が立っている。小さなベンチが見えてくる。そこにあるのが高さ20m、周囲4.2mの**畑宿めおと桜⑧**。樹齢100〜150mといわれる大木だ。春には花見客で混雑する場所で、ベンチが置かれている。畑宿めお

と桜から簡易舗装された道になる。少しずつ高度を下げて行くと、ほどなく車道に出る。そのまま進むと畑宿の中心施設のひとつ、畑宿寄木会館がある。畑宿は色や木目の違うさまざまな木を寄せあわせて作る寄木細工で知られる町で、いくつもの工房がある。通りに沿って並ぶ店を見学したら、**畑宿バス停⑨**から箱根湯本駅に向かう。

玉簾の滝（たまだれのたき）

千条の滝、飛竜の滝と並ぶ人気なのが箱根湯本温泉天成園内にある玉簾の滝。パワースポットとしても知られ、多くの観光客が訪れている。高さ8m、幅11mの美しい滝だ。園内には玉簾神社がある。

毎月1日には箱根神社神官により「名水祭」が行われる

28 源頼朝ゆかりのしとどの窟から自鑑水を訪ねる歴史山歩

中級

しろやま～まくやま
城山～幕山

標高	626m(幕山)
歩行時間	5時間20分
最大標高差	800m
体力度	★★☆
技術度	★☆☆

1/2.5万地形図	箱根、熱海

登山適期とコースの魅力

1月	2月	3月	4月	5月	6月	7月	8月	9月	10月	11月	12月

サクラ
アジサイ
紅葉
ウメ
ツツジ

展望 城山山頂と幕山山頂から眺める雄大な相模灘が人気。
歴史 しとどの窟と自鑑水は源頼朝にまつわる逸話が残る場所。
静寂 しとどの窟は歴史ロマンが広がる場所。観光地とは異なる静寂に支配されている。

春 温暖なエリアのため春の訪れは早い。道端に咲く小さな草花に心が癒されるようだ。
夏 城山手前までは林道を歩く。直射日光を受けるので汗を絞られる。
秋 最も歩きやすい季節となる。
冬 積雪がなければ歩けるが、事前に要確認。

二輪ライダーが多く訪れる椿台

アクセス

東京駅 — JR東海道本線 1時間45分 1690円 — 湯河原駅 ---- 5時間20分 ---- 幕山公園バス停 — 箱根登山バス 20分 290円 — 湯河原駅 — JR東海道本線 1時間45分 1690円 — 東京駅

幕山公園から湯河原駅までのバスは本数が少ないので箱根登山バスのホームページ等で要確認。下山時刻とのタイミングが合わない場合は幕山公園から車道を25分ほど下った鍛冶屋バス停まで歩いて湯河原駅まで箱根登山バスを利用する。1日22～26本の便が運行している。
マイカー 湯河原駅近くのパーキングを利用する。

コースガイド 海風を感じながら湯河原駅から城山へ向う

①湯河原駅からは城願寺、城山ハイキングコースの道標に従って歩き始める。②湯河原駅から1,8km地点の道標。道の形態は林道だ

湯河原駅①で下車したら、城願寺方面の道標に従って住宅街の道を進む。標高が高くなってくると、後方に湯河原方面の海岸が見えるようになる。広がりのあるロケーションが魅力の道だ。

道は次第に林道のような様相に変わる。ひとしきり登り、竹林の間を進むようになると人家はなくなり完全に登山道に変化。「かぶと石へ70mの分岐」、「立石へ80mの分岐」などの道標が連続するが、ここは道なりに進もう。かぶと石は、源頼朝が石橋山の戦いに敗れて山中を逃げる時に、かぶとを置いた場所だといわれている。

城山への道標が現れたら、芝生の小さな広場を抜けて**城山②**山頂に到着する。「土肥城址」と書かれた大きな岩が山頂標識の横にある。ここは展望のいい場所で初島が見えている。草地に腰を下ろして少し休憩していこう。

城山からはしとどの巌バス停の道標に従う。

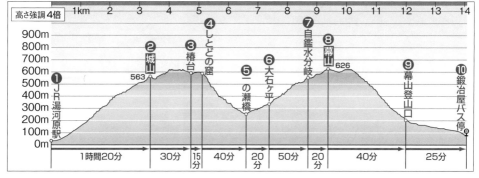

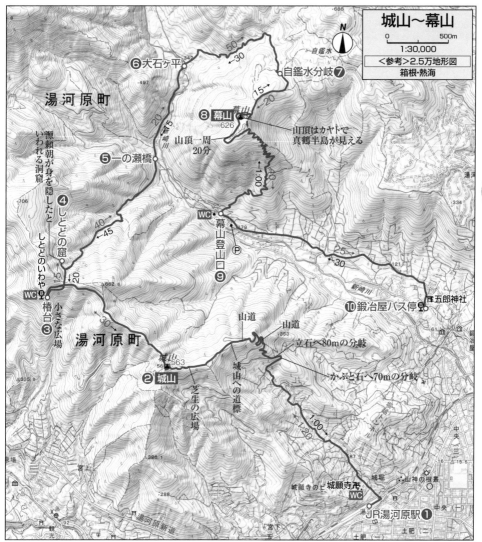

117

③草地が広がる城山山頂。湯河原方面の海が一望でき、爽快感が味わえる。④城山山頂の石碑。「土肥城址」と書かれている。⑤しとどの窟に向かう途中のトンネル。昼は意外に明るい

およそ1.5kmだ。木漏れ日が心地いい樹林帯に延びる道を行く。木々の隙間からは湯河原の海が見えている。石畳の道に入るが、すぐに登山道になる。しとどの窟バス停まで20分の所だ。この先で日当たりのいい石畳の道になる。わずかな時間でしとどの窟のバス停がある**椿台❸**に到着する。ここには駐車場があるので、休日にはドライブで訪れる人が多いようだ。休憩舎があるので、ここで少し休んでいこう。

椿台脇の階段を下ると左に舗装道が延びている。ここを歩いてトンネルを抜けた所が広場になっている。ここからジグザグの道を下る。道の両側には90体もの弘法大師の像が並んでいる。下り着いた所が、石橋山の戦いで敗れた源頼朝が家来と隠れたといわれる**しとどの窟❹**。歴史ファンにはとくに人気のある場所だ。

 水場 飲用に適した水場はないので、必要な物は湯河原駅周辺で購入することもできる。

トイレ 湯河原駅、城願寺、しとどのいわやバス停近く、幕山登山口、幕山公園駐車所にある。

●問合せ先
湯河原駅前観光案内所 ☎0465-63-4181
湯河原町観光課 ☎0465-63-2111
箱根登山バス湯河原営業所 ☎0465-62-2776

しとどの窟から
幕山へ向かう

しとどの窟から往路を戻る。しとどの窟へ下り始める地点まで戻ると、ゲートが閉まった林道がある。ゲート脇からこの道に入る。未舗装の道だが人の姿は滅多に目にしない林道だ。ここを道なりに歩くと40分ほどで**一の瀬橋❺**に着く。ここで右に行けば幕山登山口だが、直進して**大石ヶ平❻**から北斜面を回り込むようにして進む。途中に**自鑑水分岐❼**という場所がある。ここは平家との戦いに敗れた源頼朝が、池に映る自分の姿を自害しようとした所といわれている。10分ほどでピストンできるので、時間があれば寄ってみたいところだ。

自鑑水分岐から幕山に登る。苦労することなく20分ほどで**幕山❽**山頂に着く。草地で小広い頂だ。好天の時は眩しいくらい太陽の恩恵が受けられ、真鶴半島方面の海が展望できる。また、山頂は周回することができるので歩いてみるのもいい。西側と東側では見える景色が違うのが楽しいはず。とくにウメの季節ならピンク色に染まる山裾が眼下に広がり美しい。

6 7

8

9

10

11

12

　下山は山頂から**幕山登山口⑨**に向かう。大きくジグザグに下るのだが、足元が不安定な箇所もあるので、一歩一歩慎重に足を出そう。山頂から少し下った地点に東屋があるので、そこで休憩するのもいい。

　ウメの季節なら辺りは華やいでいて楽しい。別段苦労することもなく幕山登山口に到着できる。

　また、岩山の幕山はロッククライミングの練習場としても知られている。休日になるといくつものグループが練習に励んでいるので、そんな姿を見学するのも楽しいかもしれない。神奈川県下では幕山と鷹取山がロッククライミングの練習場として人気だが、どちらも地元の山岳会に入会して指導者の指示の下でないと練習することはできない。興味のある人はインターネット等で山岳会を調べて話を聞いてみるのもいい。

　山頂から幕山登山口までは40分ほどの下り。焦らずにゆっくり歩くことに専念しよう。足元は石交じりの箇所もあるので滑ったり、

⑥昼間でも薄暗いしとどの窟。頼朝ファンには一度は訪れたい聖地だ。⑦しとどの窟から幕山に向かう道。⑧頼朝が自害しようとして家臣に止められた場所といわれる自鑑水。⑨わかりやすい道標の多いエリア。⑩草地で広く明るい幕山山頂。⑪ウメの季節の幕山公園。⑫幕山公園入口。ウメの季節は混雑する

足を挫いたりしないように。

　幕山登山口からバスを利用して湯河原駅に戻るのだが、平日だと5本程度しかバス便はない。そのため、登山口から車道を25分ほど歩いた地点にある**鍛冶屋バス停⑩**から湯河原駅までバスを利用しよう。ここからだと1日25本くらいの便がある。

しとどの窟

鎌倉幕府を開いた源頼朝が1180年、石橋山の戦いで平氏に敗れ、家来とともに身を隠したと伝わる洞窟。昼間でも薄暗く空気の冷たさを感じる場所だ。椿台展望台からしとどの窟までの道の両側には90体もの弘法大師の像が並んでいる。

悲運の武将だった頼朝が今にも現れそうな感覚になる

29 豊臣秀吉が北条攻めの折に築いたといわれる城跡を歩く

初級

標高	262m
歩行時間	2時間25分
最大標高差	262m
体力度	★☆☆
技術度	★☆☆

いしがきやま

石垣山

1/2.5万地形図　関本、小田原北部、箱根、小田原南部

登山適期とコースの魅力

1月	2月	3月	4月	5月	6月	7月	8月	9月	10月	11月	12月

シャガ
ハルサザンカ
枝垂れザクラ

展望　山頂の本丸跡からは小田原城、小田原市街、三浦半島、相模湾が一望できる。
歴史　1590年（天正18年）、豊臣秀吉が小田原の北条氏攻めの際、一夜にして築いた城（石垣山一夜城）跡だといわれている。
遺跡　石垣山手前に石丁場跡が残されている。

春　サクラの季節だと周辺を含めてピンク色に染まる。最もおすすめの季節。
夏　相模湾から吹く海風が心地いいが、入生田駅からの道が蒸し暑く感じられる。
秋　紅葉は11月中旬過ぎ〜12月上旬。
冬　雪がなければ誰でも歩くことができる。

太閤秀吉にちなむ太閤橋

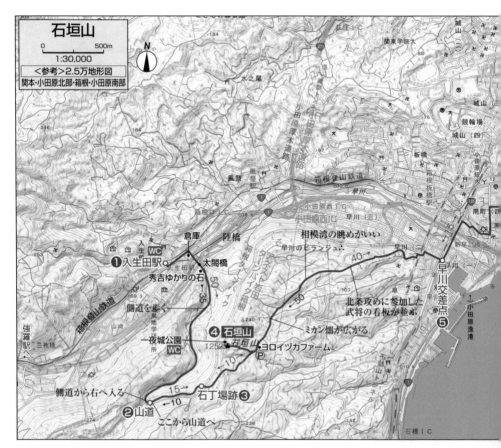

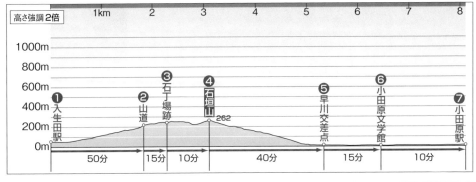

1km	2	3	4	5	6	7	8

1000m
800m
600m
400m
200m
0m

❶入生田駅
❷山道
❸石丁場跡
❹石垣山 262
❺早川交差点
❻小田原文学館
❼小田原駅

50分　15分　10分　40分　15分　10分

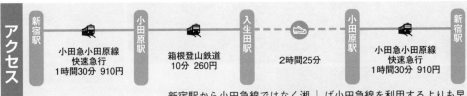

アクセス

新宿駅 — 小田急小田原線 快速急行 1時間30分 910円 — 小田原駅 — 箱根登山鉄道 10分 260円 — 入生田駅 ······ 2時間25分 — 小田原駅 — 小田急小田原線 快速急行 1時間30分 910円 — 新宿駅

新宿駅から小田急線ではなく湘南新宿ライン、JR東海道線を乗り継いで小田原駅まで行く方法や東京駅から東海道・山陽新幹線を利用して小田原まで行く方法もある。乗り継ぎがよければば小田急線を利用するよりも早く小田原駅に到着できることもある。スタート地点によって検討しよう。

マイカー 不向き。

戦国ロマン溢れる城跡を訪ねる魅力の歴史旅

　豊臣秀吉が小田原攻めの折りに一夜で築いたと伝わる城跡を訪ねる。現在、城跡は一夜城歴史公園として整備され、多くの歴史ファンが訪れている。

　スタート地点は箱根登山鉄道の入生田駅（いりうだ）❶。箱根湯本駅のひとつ小田原寄りになる。駅前の国道1号に出たら左へ。休日には交通量が増えるので歩道を歩くこと。すぐに陸橋が見えてくる。ここを渡る。目の前に見える古い小さな橋が太閤橋。ここを渡って舗装道路を進む。時おり自動車も通るので道の左側を

国道を渡る陸橋から眺める生命の星・地球博物館

江戸城の石垣として加工された石材が道端に展示されている

121

①一夜城歴史公園から少し下った地点から眺める小田原市街。②太閤橋から石垣山に向かう道。③この辺りから少し登り山道に入る。④石の説明看板。⑤石丁場跡は見学必須だ

る。安山岩という火山岩で、こうした岩を切り出して加工し、石垣山一夜城の石垣が造られたと考えられている。

歩いている側道が下り、そのまま進むと**山道②**に入る。山深さが感じられるエリアだ。ここを抜けてターンパイクを越えるのだが、その手前に**石丁場跡③**がある。17世紀初頭に江戸城の石垣用の石材を切り出して加工した場所だ。今にも石工が現れて作業を続けそうな雰囲気が漂っている。

石垣山山頂から秀吉が眺めた
小田原城を俯瞰する

石垣山への登山道に戻る。いつしか農道のような道になり右側に相模湾が見えてくる。以前はコスモスが咲き乱れる広場だった場所にレストランが建てられている。その前が**石垣山④**だ。正式には一夜城歴史公園といい、一般に公開されている。公園内には二の丸跡や本丸跡などが残る。残念ながら建物の痕跡などは現存していないが、眼下に見える小田原城の景色は健在だ。その奥に相模湾の大海原が広がり印象的だ。石垣山一夜城は別名太

キープして進む。

しばらく歩くと「運び出そうとした石垣用石材」と書かれた説明看板とともに、加工された跡のある大岩が置かれている。17世紀前半に早川石丁場群関白沢支群から江戸へ運び出そうとした石垣用の石材だったと考えられているようだ。「どうやって運び出そうとしたのだろう」などと考えながら進んで行くと、道路の崖面から大きな岩が飛び出してい

水場 水場はない。箱根登山鉄道に乗る前に小田原駅で必要な物を購入しよう。

トイレ 入生田駅、一夜城歴史公園（石垣山）、小田原城園内にある。

●問合せ先
小田原市観光協会 ☎0465-20-4192
ヨロイヅカファーム ☎0465-24-3150
小田原文学館 ☎0465-22-9881

⑥石垣山は公園のよう整備され、市民の憩いの場として利用されている。⑦一夜城歴史公園を出たところにあるヨロイヅカファミリーファーム。連日多くの人で混雑している。⑧小田原文学館。洋風の建物も人気のひとつ。⑨小田原城の堀。この前を歩いて小田原駅に向かう。

閣一夜城といわれているが、実際は一夜ではなく80日間が費やされたらしい。

一夜城歴史公園から車道を小田原方面へ下る。沿道には小田原攻めに参加した武将たちの看板が設置されている。周囲にはミカン畑が広がり、前方には小田原市街や小田原城、相模湾が展望できる。

高度が下がってくると東海道本線の早川駅に着く。ここから東海道線に乗って帰路につくのもいいが、時間があるなら小田原駅まで歩いてみよう。早川駅から早川橋を渡り、**早川交差点❺**を過ぎると、閑静な住宅街に建つ**小田原文学館❻**に着く。小田原にゆかりのある文豪たちの作品や資料などが展示されている。洒落た建物は明治維新の立役者のひとり、田中光顕の別邸だったもの。

小田原文学館からから小田原城方面へ進む。

多くの観光客で混雑する場所。小田原城は北条氏の居城として知られ、堀端を歩くだけでも楽しい。土産物店や飲食店が並ぶエリアで賑やかだ。この通りを抜ければ**小田原駅❼**に到着する。

石丁場跡

17世紀初頭、江戸城の石垣用の石材を切り出して加工した場所。加工された石が風化せず、そのまま残されている。登山道から車道をくぐった場所にあり、今にも職人たちが現れて作業を開始するような錯覚さえしそうだ。発掘されたのは意外に最近のことらしい。

400年前に加工された石が転がる石丁場跡

主な駅ターミナルと登山口ガイド

加入道山・白石峠へ

用木沢出合

犬越路・大室山へ

登山口

西丹沢ビジターセンター

林道

つつじ新道入口

西丹沢ビジターセンター

檜洞丸へ

中川川

畦ケ丸へ

西丹沢公園橋

バス乗り場

西丹沢ビジターセンターバス停

新松田駅・松田駅へ

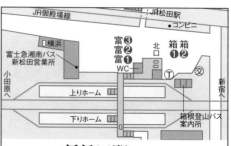

JR御殿場線 JR松田駅 コンビニ

横浜 富③ 北口 箱箱
富士急湘南バス 富② ①②
新松田営業所 富① WC T 新宿

小田原へ 上りホーム

下りホーム 箱根登山バス案内所

小田急線 新松田駅

● 富士急湘南バス（本社営業所 ☎0465-82-1361）
▷奇行き（宇津茂経由）…北口・富③乗り場
▷中川温泉行き／上幣沢行き／西丹沢ビジターセンター行き／山北駅行き…北口・富①乗り場
● 箱根登山バス（新松田案内所 ☎0465-83-4964）
▷関本行き／地蔵堂行き（直通）…北口・箱①乗り場

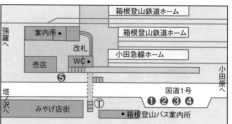

箱根登山鉄道ホーム

強羅へ 案内所 箱根登山鉄道ホーム
改札 小田急線ホーム
売店 WC 小田原へ
⑤ 国道1号
塔ノ沢へ みやげ店街 T ❶❷❸❹
箱根登山バス案内所

箱根登山鉄道 箱根湯本駅

● 箱根登山バス（箱根湯本案内所 ☎0460-85-5583）
▷箱根町（国道経由）行き…②乗り場
▷桃源台（宮城野・仙石方面）行き…③乗り場
▷畑宿（須雲川経由）行き／元箱根港（旧街道経由）行き…④乗り場
● 伊豆箱根バス
▷関所跡行き／湖尻行き／箱根園行き…①乗り場

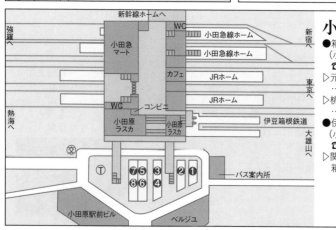

新幹線ホームへ WC
強羅へ 小田急線ホーム 新宿へ
小田急マート 小田急線ホーム
カフェ
WC JRホーム 東京へ
コンビニ JRホーム
小田原ラスカ 小田原ラスカ 伊豆箱根鉄道
熱海へ 大雄山へ
T ⑦⑤③ ❷❶ バス案内所
⑧⑥④
小田原駅前ビル ベルジュ

小田原駅

● 箱根登山バス
（小田原営業所
☎0465-35-1271）
▷元箱根港行き／箱根町行き
…東口③乗り場
▷桃源台（宮城野・仙石方面）行き
…東口④乗り場
● 伊豆箱根バス
（小田原駅前案内所
☎0465-22-3166）
▷関所跡行き／湖尻行き／
箱根園行き…東口⑤乗り場

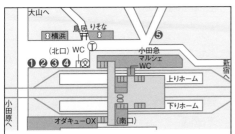

小田急線 伊勢原駅

●神奈川中央交通バス
（伊勢原営業所 ☎0463-95-2366）
▷大山ケーブル駅行き…北口④乗り場
▷日向薬師行き／七沢行き…北口③乗り場

小田急線 本厚木駅

●神奈川中央交通バス厚木営業所 ☎046-241-2626
▷広沢寺温泉行き／七沢行き…バスセンター⑨乗り場
▷宮ヶ瀬行き／上煤ヶ谷行き…本厚木駅北口⑤乗り場
▷半原行き／野外センター前経由半原行き
　　…本厚木駅北口①乗り場

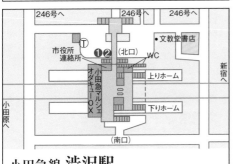

小田急線 渋沢駅

●神奈川中央交通バス
（秦野営業所 ☎0463-81-1803）
▷大倉行き…北口②乗り場

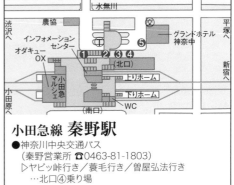

小田急線 秦野駅

●神奈川中央交通バス
（秦野営業所 ☎0463-81-1803）
▷ヤビツ峠行き／蓑毛行き／曽屋弘法行き
　　…北口④乗り場

登山口 大倉

帰りに
ひと風呂

丹沢・箱根の
立ち寄り湯

※ここでは、本書の各コースガイドのコラムで紹介した
以外のおすすめ立ち寄り湯を取り上げました。

丹沢／中川温泉

信玄館 しんげんかん

☎0465-78-3811
大浴場や貸切風呂の他、中川の清流に面した露天風呂も
ある。アルカリ性単純温泉。
●1200円（土休日など）／11:30〜17:00（平日は〜18:00
／2時間以内）／不定休／♀中川温泉入口から👟4分

丹沢／中川温泉

ぶなの湯 ぶなのゆ

☎0465-78-3090
清流中川沿いにある日帰り入浴施設。浴場は明るく広いガ
ラス張りで、開放感に満ちている。
●750円（2時間）／10:00〜18:00（3〜11月の休日な
どは〜19:00）／月曜（祝日の場合は翌日）休／♀中川
から👟3分

箱根／箱根湯本

かっぱ天国 かっぱてんごく

☎0460-85-6121
箱根湯本駅すぐ裏の高台にあり、足湯（200円）もある。
ロマンスカーの時間待ちに便利なことこの上ない。
●900円／10:00〜20:00（土・日曜・祝日は〜21:00）
／箱根湯本駅から👟3分

箱根／箱根湯本

早雲足洗の湯 和泉 そううんあしあらいのゆ いずみ

☎0460-85-5361
内湯の他、露天エリアには檜風呂、桶風呂、ジャグジーが
ある。アルカリ性単純温泉。
●1250円／11:00〜21:00（土・日曜・祝日は10:00〜）
／火曜不定休／箱根湯本駅から👟7分

箱根／箱根湯本

湯の里おかだ ゆのさとおかだ

☎U460-85-3955
泡風呂、寝湯、ジェットバスなど多彩な風呂が楽しめる。
料金割安の早朝営業もある。
●1450円／11:00〜23:00／無休／箱根湯本駅から送
迎バス5分

箱根／箱根湯本

箱根の湯 はこねのゆ

☎0460-85-8080
二つの源泉井戸から温泉を引いている。大浴場のほか、
寝湯、バイブラ湯などがある。
●1100円／10:00〜22:00／年4回不定休／箱根湯本
駅から送迎バス5分

箱根／箱根湯本

天成園 てんせいえん

☎0460-83-8511
屋上天空大露天風呂が開放的で、23時間営業というのも
特徴。アルカリ性単純温泉。
●2730円+税（別途入湯税50円）／10:00〜翌朝9:00
（深夜0:00以降は追加料金あり）／無休／箱根湯本駅か
ら👟12分

箱根／奥湯本温泉

天山湯治郷 てんざんとうじきょう

☎0460-86-4126
内湯一つと五つの野天湯がある。ナトリウム-塩化物泉とア
ルカリ性単純温泉。
●1300円／9:00〜23:00（22:00札止め）／無休／♀奥
湯本入口から👟3分

箱根／宮ノ下

太閤湯 たいこうゆ

☎0460-82-4756
地元の人々が自ら運営する共同浴場。男女別に二つずつあ
る浴槽に底倉温泉から引いた湯が溢れている。
●500円／13:00〜21:00（受付終了は20:30）／水曜、
第2・4火曜（祝日は翌日）休／宮ノ下駅から👟5分

箱根／強羅温泉

薬師の湯吉浜 やくしのゆよしはま

☎0460-82-2258
強羅駅のすぐ裏にある旅館の内湯での日帰り利用。泉質は
ナトリウム-塩化物泉。
●850円／10:00〜19:00／月曜（祝日の場合は翌日）
休／強羅駅から👟1分

箱根／二の平温泉

亀の湯 かめのゆ

☎0460-82-2344
こぢんまりとした内湯がある共同浴場。ナトリウム−塩化物
泉・硫酸塩炭酸水素泉。
●550円／11:00〜21:00（土・日曜・祝日は9:00〜）
／不定休／彫刻の森駅から👟7分

さくいん

本文執筆・写真

中田　真二（なかた　しんじ）
長野県松本市出身。山好きの父と叔父の影響で幼少期から山遊びに明け暮れる。高校・大学と山岳部で、山と部室の往復で過ごす。大学卒業後は出版社に編集者として勤務。在籍中に訪れたヨーロッパアルプスに魅せられ退職。数年の間ヨーロッパ、ニュージーランド、北アメリカの山を巡る。帰国後、登山ライターとして活動、現在に至る。登山初心者の相談にも応じている。
問い合わせはgoofy0121jp@w4.dion.ne.jpへ。

カバー写真／中田真二
カバー・表紙・総扉デザイン／松倉 浩
編集協力／エスティーエフ
地図制作／株式会社千秋社
DTP／株式会社千秋社

■本書に掲載した地図は、DAN杉本氏制作のカシミール3Dで「スーパー地形セット」と国土地理院の「地理院地図」を使用して制作しています。https://www.kashmir3d.com/
■本書の内容は2023年4月制作時のものです。交通機関、店舗等の営業形態や対応が予告なく大きく変わる可能性があります。また火山活動や集中豪雨などの自然災害による現地状況の変化の可能性もあります。必ず事前に各種情報と現地の情報をご確認の上でお出かけください。

ブルーガイド　山旅ブックス

神奈川県の山　日帰り山あるき
（かながわけん　やま　ひがえ　やま）

2023年7月15日　初版第1刷発行

著　者　中田真二
発行者　岩野裕一
発行所　株式会社実業之日本社
　　　　〒107-0062 東京都港区南青山6-6-22 emergence 2
　　　　☎(編集)03-6809-0473 (販売)03-6809-0495
　　　　https://www.j-n.co.jp/

印刷・製本　大日本印刷株式会社